Kosha Anja Joubert und Leila Dregger
ÖKODÖRFER weltweit

Kosha Anja Joubert
Leila Dregger

Ökodörfer weltweit

Lokale Lösungen für globale Probleme

NEUE ERDE

Bücher haben feste Preise.
1. Auflage 2015

Kosha Anja Joubert und Leila Dregger
ÖKODÖRFER weltweit

Titelseite:
Fotos: siehe Bildnachweis
Gestaltung: Dragon Design

Satz und Gestaltung:
Dragon Design
Gesetzt aus der Minion

Gesamtherstellung: Appel & Klinger, Schneckenlohe
Printed in Germany

ISBN 978-3-89060-664-4

Neue Erde GmbH
Cecilienstr. 29 · 66111 Saarbrücken
Deutschland · Planet Erde
www.neue-erde.de

Inhalt

Vorwort

Unsere Wünsche sind Vorgefühle der Fähigkeiten,
die in uns liegen, Vorboten desjenigen,
was wir zu leisten imstande sein werden.
JOHANN WOLFGANG VON GOETHE

Ein großes Forschungsexperiment geschieht derzeit auf der Erde. Weltweit, meist an abgelegenen Orten, oft kaum beachtet von der Öffentlichkeit, arbeiten Wissenschaftlerinnen und Handwerker, Erfinder und Ärztinnen, Aktivisten sowie Betroffene globaler Krisen zusammen. Angesichts von Klimawandel, Landflucht, Vereinsamung in den Städten, Umweltzerstörung und ökonomischer Ungerechtigkeit arbeiten sie an ihren Orten entschlossen und kreativ an funktionierenden Alternativen: an ökologischer und sozialer Nachhaltigkeit, dezentraler Energieautonomie, Selbstversorgung mit gesunden Nahrungsmitteln, an Versöhnung nach Konflikten und ökonomischer Gerechtigkeit. In traditionellen oder neu gebauten Dörfern, in ökologisch bedrohten Landschaften, in Industriebrachen, Slums oder privilegierten Regionen aller Erdteile bauen sie reale Modelle für eine lebenswerte Zukunft auf. Sie reaktivieren dazu traditionelles Wissen und lokale Erfahrungen, sie nutzen das vernetzte Zukunftswissen einer globalen Bewegung sowie die kollektive Intelligenz, die entsteht, wenn lokal wieder zusammengefügt wird, was durch die Kräfte der Globalisierung auseinandergerissen wurde: Wissenschaft und Intuition, Arbeit und Leben, Produktion und Verbrauch, Alt und Jung.

Niemand hat es koordiniert, niemand am Reißbrett geplant: Das Forschungsexperiment der Ökodörfer entstand aus eigenem Antrieb, dezentral, auf Graswurzelebene, gesteuert von der Entschlossenheit vieler Bürger und Bürgerinnen, die Zukunft nicht mehr den Politikern zu überlassen, sondern selbst in die Hand zu nehmen. Sie vernetzen sich zu einer globalen Bewegung, tauschen sich aus, kooperieren mit Wissenschaft und Politik, mit Wirtschaft und Medien. So wandeln sich Protestbewegungen in die Kraft für eine globale Alternative.

Ökodörfer sind in ihren Regionen Leuchttürme für ökologische Erneuerung, soziale Nachhaltigkeit und ökonomische Wiederbelebung. Ökodörfer können bewusst gestaltete Lebensgemeinschaften sein, aber auch gewachsene Dörfer oder Initiativen in Stadtteilen und Slums. Ökodörfer aus dem globalen Süden und dem Norden gehen Allianzen ein, leisten sich gegenseitig Hilfe, bieten einander Wissenstransfer und machen so ein alternatives nachhaltiges Entwicklungsmodell sichtbar, einen Ausweg aus der Armutsfalle und der Abhängigkeit von fossiler Energie und industrieller Lebensmittelproduktion.

In diesem Buch stellen wir eine Auswahl von Ökodörfern aller Kontinente in ihren eigenen Geschichten vor. Wir haben uns bemüht, Ihnen einen Geschmack vom Reichtum und der Vielfalt der Bewegung zu geben. Das Buch beruht auf Texten von und Interviews mit GründerInnen und langjährigen Gemeinschaftsmitgliedern. Anlässlich des 20. Jubiläums des *Global Ecovillage Networks* (GEN) wollten wir einen Blick auf Erreichtes werfen, baten die Beteiligten aber auch, ihre Schwierigkeiten und Konflikte nicht zu verschweigen. Auf diese Weise entstand ein Lesebuch, das sehr persönlich Zeugnis ablegt von einem der größten Abenteuer unserer Zeit: unser Leben angesichts globaler Mächte wieder in die eigene Hand zu nehmen.

Am Ende jedes Artikels finden Sie einige Stichwörter für die »Solution Library«, die Bibliothek der Lösungen. Jedes Ökodorf hat lokale Lösungen für globale Probleme anzubieten. Die »Solution Library« im Internet macht diese Lösungen sichtbar und nutzbar für viele andere. Unter den genannten Stichworten können Sie im Netz mehr darüber lesen.

Dieses Buch erscheint zeitgleich im englischen Verlag Triarchy Press. Die englische Ausgabe präsentiert mehr internationale Projekte, in der deutschen haben wir dafür einige Projekte aus dem deutschsprachigen Raum hinzugenommen. Für besonders interessierte Menschen lohnt es sich deshalb möglicherweise, beide Bücher zu lesen.

Wir hoffen vor allem, dass es für die junge Generation, die jetzt in den Ökodörfern so zahlreich und kreativ Verantwortung übernimmt, eine Wissensbasis und Inspiration sein wird und dass es den Glauben an unsere Möglichkeiten, diesen schönen Planeten und einander zu heilen, stärkt.

Viel Freude beim Lesen
Kosha Joubert
Leila Dregger

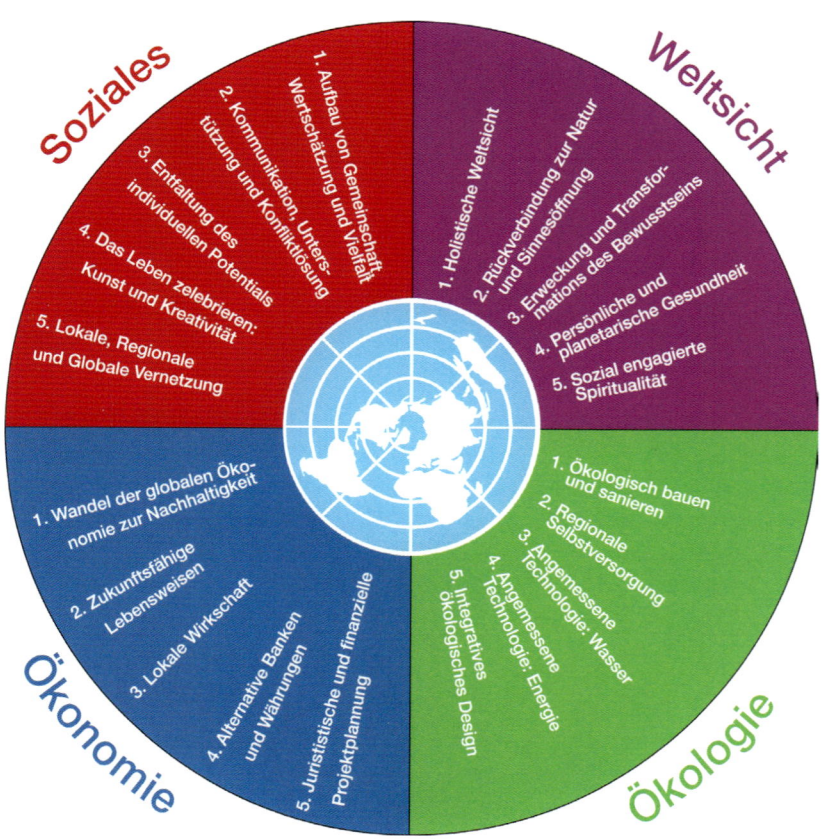

Soziales

1. Aufbau von Gemeinschaft, Wertschätzung und Vielfalt
2. Kommunikation, Unterstützung und Konfliktlösung
3. Entfaltung des individuellen Potentials
4. Das Leben zelebrieren: Kunst und Kreativität
5. Lokale, Regionale und Globale Vernetzung

Weltsicht

1. Holistische Weltsicht
2. Rückverbindung zur Natur und Sinnesöffnung
3. Erweckung und Transformations des Bewusstseins
4. Persönliche und planetarische Gesundheit
5. Sozial engagierte Spiritualität

Ökonomie

1. Wandel der globalen Ökonomie zur Nachhaltigkeit
2. Zukunftsfähige Lebensweisen
3. Lokale Wirtschaft
4. Alternative Banken und Währungen
5. Jurististische und finanzielle Projektplanung

Ökologie

1. Ökologisch bauen und sanieren
2. Regionale Selbstversorgung
3. Angemessene Technologie: Wasser
4. Angemessene Technologie: Energie
5. Integratives ökologisches Design

Die vier Dimensionen der Nachhaltigkeit

Das Ecovillage-Design-Mandala beschreibt eine ganzheitliche Karte für nachhaltige Gestaltung und Entwicklung, die die soziale, kulturelle, ökologische und ökonomische Dimension der Nachhaltigkeit umfasst. Die Solution Library wurde entsprechend der Dimensionen organisiert.

Die kulturelle Dimension:
Weltsicht, Werte, Verantwortung

Bei aller Vielfalt der Ökodörfer gibt es in ihrer Kultur und Weltanschauung einen gemeinsamen Wert: Respekt vor dem Leben. Verantwortung und aktiver Einsatz für die Erde und all ihre Bewohner sind die Basis einer Kultur der Nachhaltigkeit. Diese Ethik ist kultur- und religionsübergreifend.

Gelebte Gemeinschaftserfahrung ist eine ständige Schule der Anteilnahme an allem, was lebt. So entstehen Verantwortung, Freundschaft mit allen Wesen und Toleranz, auch gegenüber jenen, die anders aussehen, fühlen, denken oder glauben. Um die Verbundenheit mit der Erde und ihren Geschöpfen auszudrücken und sie mit Leben zu füllen, werden in Ökodörfern vielfältige Wege gegangen, Rituale ersonnen oder Bräuche reaktiviert. Auch das Gemeinschaftsleben selbst mit seinen täglichen Aufgaben, der gegenseitigen Hilfe und Diensten im Einklang mit der Schöpfung kann zu einem Weg der Bewusstwerdung werden.

Die ökologische Dimension

Ökodörfer zeigen: Wasser, Nahrung, Energie und Baustoffe können ausreichend in gesunden, regionalen Kreisläufen gewonnen werden – ohne Verzicht auf Lebensqualität. Im globalen Süden entscheidet oft die Souveränität in der Versorgung mit diesen Lebensgrundlagen über Überleben und Selbständigkeit.

Energieautonomie: Durch ökologisches Bauen und Wärmedämmung, passive und aktive Nutzung von Solarenergie sowie den Ersatz energieintensiver Mobilität durch andere Reiseformen konnten viele Ökodörfer ihren ökologischen Fußabdruck stark reduzieren.

Wasser: Techniken der Regenwasserspeicherung, dezentrale Pflanzenkläranlagen, Trennung von Trink- und Brauchwasser sowie Komposttoiletten können Wasserverbrauch und Abwassermenge enorm reduzieren.

Lebensmittel: Viele Ökodörfer erzeugen und verarbeiten Obst, Gemüse, teilweise Getreide und tierische Produkte selbst. Die wichtigsten Anbauprinzipien dabei sind: Mischkultur und Vielfalt, keine chemischen Dünger und Pflanzenschutzmittel, eigene Saatgutvermehrung, Frische.

Bauen: Bauen mit möglichst regionalen, natürlichen Bau- und Dämmmaterialien – Lehm, Holz, Papier, Stroh und Abfällen – erhöht die Lebensqualität und schont die Umwelt.

Abfall: Nach dem Vorbild der Natur versuchen Ökodörfer, ihre Abfälle durch das Schaffen geschlossener Wertkreisläufe, Kompostierung und Wiederverwendung zu reduzieren.

Die soziale Dimension: Gemeinschaft

Nachhaltigkeit entscheidet sich auch an der Kunst des Zusammenlebens und -arbeitens: Die besten Anbau- und Energiesysteme, biologischen Häuser, Wasser- und Recyclingsysteme nutzen wenig, wenn ihre Nutzer und Betreiber miteinander im Streit liegen.

Der Mensch ist ein Gemeinschaftswesen. Ergänzung, Austausch und Miteinander, auch Reibung und Konflikt gehören zu unserer Spezies. Unsere Vorfahren meisterten Herausforderungen gemeinsam in Stämmen und Großfamilien. Moderne Gemeinschaften versuchen, die Vereinzelung unserer Konsumkultur aufzulösen und Formen von Nähe und Kooperation herzustellen, die Individualität und Vielfalt zulassen und fördern.

Einige Gemeinschaften haben wertvolle Erfahrungen gesammelt und stellen ihr Wissen neuen Initiativen zur Verfügung: Dazu gehören Methoden der Kommunikation in großen Gruppen, der Konfliktlösung und partizipativer Entscheidungsfindung – und vieles mehr.

Die ökonomische Dimension

Fair, gerecht, solidarisch, durchschaubar und zinsfrei – das sind die Merkmale einer nachhaltigen Wirtschaftsweise. Regionale und lokale Wirtschaftskreisläufe brauchen ein entsprechendes Finanzsystem, das den Wert in der Region belässt.

BewohnerInnen von Ökodörfern sind bewusste KonsumentInnen, ProduzentInnen und HändlerInnen hauptsächlich lokaler Waren. Sie bauen innerhalb ihrer Gemeinschaft und mit der Region Modelle für eine neue Ökonomie auf. Hier finden in kleinem Maßstab, auf der Grundlage von Vertrauen und Pioniergeist, ökonomische Experimente statt: von Gemeinschaftskasse über regionale Währungen, von Tauschringen bis Gemeindebanken und Schenkökonomie.

Es gibt viele Fragen im Bereich der Ökonomie – und unterschiedliche Antworten, die die verschiedenen Ökodörfer darauf geben: Auf welche Weise teilt man den Gesamtbesitz – und wie ist das juristisch abzubilden? Hat man individuelle oder gemeinschaftliche Betriebe? Wird Mitarbeit in der Gemeinschaft bezahlt? Gibt es individuelles Einkommen oder geht alles in eine Gemeinschaftskasse? Wofür soll es gemeinsame Kassen geben? Wie sorgt die Gemeinschaft für ihre Mitglieder, wenn sie krank, alt oder schwach werden oder aussteigen wollen?

Unabhängig davon, welche ökonomische Form eine Gemeinschaft wählt: Vertrauen, Rückkopplung und Kommunikation untereinander sind die Basis, damit sie funktioniert.

dass das erste Ökodorf in der Demokratischen Republik Kongo für und mit Pygmäen bei Buhama gebaut wird?

dass im ärmsten Bundesstaat Orissa in Indien mit 23% indigener Bevölkerung sich über zweitausend Dörfer in Ökodörfer verwandelt haben?

dass das Permakulturdorf Crystal Waters in Australien mit über 200 Bewohnern gleichzeitig ein Refugium für Wildleben ist?

13

dass Senegal das erste Land ist, das Ökodörfer zu einer Regierungsstrategie gemacht hat? 14.000 traditionelle Dörfer sollen in Ökodörfer umgewandelt werden.

dass die gASTWERKe-Gemeinschaft in Deutschland gemeinsame Ökonomie, Konsensentscheidung, bewussten Konsum und die Beteiligung an gesellschaftlichen und politischen Auseinandersetzungen verbindet?

dass das Ecovalley in Ungarn so viel Getreide und Gemüse produziert, dass es seine 200 Bewohner mehrfach ernähren könnte, dass es darüber hinaus energie- und wasserautark ist und landesweit effektive Sozialarbeit mit den Ärmsten der Armen leistet?

dass sich in Kolumbien über tausend Kleinbauern, Flüchtlinge und Indianer zur neutralen Friedensgemeinde San José de Apartadó zwischen den Fronten zusammengeschlossen haben, jeglichen Waffenbesitz ablehnen und keine Gewalt dulden?

dass die Gemeinschaft Twin Oaks in Virginia/USA bereits fast 50 Jahre existiert, zahlreiche andere Gemeinschaftsgründungen inspirierte und wirtschaftlich auf der Produktion von Tofu, Hängematten und Solarstrom basiert?

dass in der wahrscheinlich gewaltreichsten Favela der Welt in Sao Paulo die Initiative Favela da Paz – Favela des Friedens – Straßenkinder in Musik unterrichtet, die Bewohner zu ökologischen Initiativen versammelt und Modellanlagen für urbane Permakultur, Biogaserzeugung und Solarenergie aufbaut?

dass Ökodorf-Techniken in Bangladesch, dem am stärksten vom Klimawandel bedrohten Land der Erde, in Hunderten von Dörfern dabei helfen, lokale Vorsorge für Katastrophenschutz zu leisten?

dass OTEPIC in Kenia, ein Selbsthilfeprojekt aus einem Slum in Kitale, ein Ökodorf-Projekt aufbaut, Wege aus der Armut zeigt - einschließlich Permakultur, Wasser-retention, erneuerbare Energiequellen, Konfliktlösung und Frauen-Empowerment?

dass die Konohana Family am Fuße des Fujiama in Japan mit rund 100 Mitgliedern neue landwirtschaftliche Methoden für gesunde Lebensmittel und Fürsorge für psychisch kranke Menschen verbindet?

Dorfversammlung im Ökodorf Mbackombel in Senegal

Ökodörfer und die Welt, die wir gemeinsam erschaffen

von Kosha Joubert, Präsidentin von GEN International

*Wir sind die letzte Generation, die den Klimawandel
aufhalten kann. Wir haben die Pflicht zu handeln.*

BAN KI-MOON

Wir leben in einer schönen Welt. Sie ruft uns dazu auf, uns die Zeit zu nehmen, sie zu entdecken, einen Fluss zu besuchen, den Mond anzuschauen, das Spiel des Windes in den Blättern zu sehen, den Vögeln zuzuhören, den Ozean auf unserer Haut zu spüren – und uns für die größeren Kräfte zu öffnen, die uns umgeben. Wir müssen nur in die Augen eines Kindes blicken, um wieder an unseren inneren Wunsch erinnert zu sein: das Leben zu schützen. Wir alle tragen die natürliche Begabung zur Fürsorge in uns und fühlen uns am glücklichsten, wenn wir ihr gemäß handeln können.

Gleichzeitig leben die meisten ein Leben, das uns an elektronische Bildschirme fesselt, in Gebäuden festhält und uns mit Produkten und Systemen beschäftigt, die nicht dem Leben dienen. In einer Zeit vielfältiger Krisen – Klimawandel, Ökozid, Armut, sinnlose Gewalt, abnehmende Artenvielfalt, Umweltverschmutzung und mehr – wächst unsere Sehnsucht nach einer Lebensweise, die die Erde sanft berührt. Im Herzen sehnen wir uns danach, Leidenschaft mit Verantwortung zu verbinden sowie unsere Liebe zum Planeten mit der Notwendigkeit, unseren Lebensunterhalt zu verdienen. Wir sehnen uns nach dem Tag, an dem wir zurückschauen und stolz sind auf das Erbe, das wir unseren Kindern und Enkeln hinterlassen. Die Ökodorf-Netzwerke der Erde sind ein greifbarer Ausdruck dieser Sehnsucht.

Ich wurde 1968 in Südafrika geboren, einem Land, dessen Völker verschiedener Hautfarben durch Rassismus und Gewalt getrennt waren. Das Apartheid-System brachte ständige Demütigung, wirtschaftliche Ausbeutung und Landraub. Die Konsequenzen sind heute noch in der südafrikanischen Gesellschaft spürbar. Schätzungsweise alle 36 Sekunden wird eine Frau vergewaltigt. Die individuellen und kollektiven Traumata und die geschichtlichen Greuel heilen nicht leicht. Vergebung und Versöhnung können nicht organisiert, sondern müssen Schritt um Schritt gelebt werden, damit ein Weg der Heilung entsteht.

Vor diesem Hintergrund richtete ich meinen Fokus auf Möglichkeiten der Wandlung, vor allem in den Grenzbereichen der interkulturellen Kommunikation. Ich gewann ein – vielleicht – gesundes Misstrauen gegenüber politischen Institutionen, geschlossenen Systemen und gesellschaftlichen Normen. Vertrauenswürdiger erschien es mir, Menschen zu treffen, reale Erfahrungen zu machen sowie das Chaos des Lebens willkommen zu heißen. Mein Engagement für Ökodörfer und die Gemeinschaftsbewegung wurde davon inspiriert.

Pilgerschaft durch mein eigenes Land

Mit 23 ging ich auf eine Pilgerschaft durch mein eigenes Land. Die Gewalt war auf einem Höhepunkt. Nelson Mandela war gerade freigelassen worden, und das ganze Land bebte von unterdrückter Wut und enttäuschter Hoffnung. Eine Weile arbeitete ich in Anti-Apartheid-Organisationen. Schließlich ging ich los, um mein Land kennenzulernen, all die Orte zu besuchen, die tabu waren für ein junges »Afrikanermeisie«: die schwarzen Taxis, die Townships, Alleinsein in der Wildnis unter weitem Nachthimmel. Ich marschierte Wochen und Monate lang die Küste entlang und landete in der *Transkei*, einem der damaligen Homelands.

Nachdem ich einmal den Fluss bei Port St. Johns mit dem Boot überquert hatte, gab es nur noch Fußwege, die sich um Hügel und Bäche schlängelten, zu Hütten und Feldern, die perfekt in die Landschaft eingepasst waren. Die Hörner der afrikanischen Rinder stiegen empor wie Halbmondsicheln, und ihr Stolz und ihre Neugier sprachen eher von Partnerschaft als von Unterwerfung durch ihre Eigentümer. In diesem Ort der Schönheit fand ich eine Gemeinschaft aus jungen Schwarzen und Weißen, die zusammenlebten und dem System der Apartheid entflohen waren. Sie bearbeiteten die Erde, pflegten das Land, bauten Hütten und zogen ihre Kinder gemeinsam auf.

Das war meine erste Erfahrung mit einem »Ökodorf«, obwohl niemand von uns damals dieses Wort kannte. Die Erfahrung veränderte mein Leben. Ich stellte fest, dass wir das Neue innerhalb des Alten erbauen können, ohne zu kämpfen. Ich verstand, dass eine solche »Zelle« oder Nische der Innovation zum Auslöser für eine Bewegung hin zu einem Systemwechsel werden könnte. Ich stellte auch fest, dass die luxuriöse Einfachheit in Einklang mit den eigenen Werten einen Prozess inneren Wachstums und Reife erfordert, die Naivität und Vorwände ziemlich gnadenlos wegmeißelt.

Ich hatte den Eingang zu einer anderen Welt entdeckt, versteckt unter der äußeren Schale, die meine bürgerliche Erziehung um mich aufgebaut hatte: Es war die Welt der Gemeinschaften und Ökodörfer. Später, als ich nach Europa zog und Asien bereiste, folgte ich den mündlichen Empfehlungen wie einem roten Faden und wurde auf meiner Reise von einem magischen Ort zum nächsten geführt. Jeder von ihnen war anders, geboren aus einer spezifischen Absicht innerhalb eines spezifischen kulturellen Zusammenhangs, und doch ähnelten sie sich in ihrer Suche nach einem Leben, das ein Ausdruck für die Liebe ist.

Das Global Ecovillage Network

Das *Global Ecovillage Network* (GEN) wurde 1995 gegründet, um ein Phänomen sichtbar zu machen, das sich auf dem ganzen Planeten schon ereignete. GEN dient als Allianz zwischen den ländlichen und städtischen, traditionell gewachsenen und bewusst gegründeten Gemeinschaften mit dem Ziel, ein Leben mit hoher Qualität bei geringem Ressourcenverbrauch zu führen. Einige Siedlungen, die zum Netzwerk gehören, besitzen mit die niedrigsten ökologischen Fußabdrücke pro Kopf, die in der industriellen Welt gemessen wurden. GEN arbeitet durch inzwischen fünf regionale Ökodorf-Netzwerke: Nordamerika (ENA), Lateinamerika (El Consejo de Asentamientos Sustentables de las Américas / CASA), Ozeanien und Asien (GENOA), Europa und Naher Osten (GEN Europe) sowie Afrika (GEN Africa). NextGEN beheimatet die Jugendbewegung. Zusammen verbinden diese Netzwerke schätzungsweise 10.000 Gemeinden in mehr als 100 Ländern. Indem GEN die innovativsten Lösungen mit tief verwurzeltem, traditionellem Wissen verwebt, bildet es einen Pool an Weisheit für nachhaltiges Leben auf dem Planeten.

Von Permakultur-Projekten in Afrika zu buddhistischen Ashrams in Asien, von Hippie-Kommunen in den USA zu Öko-Karawanen in Lateinamerika: In ihrer immensen Vielfalt sind »Ökodorf-Projekte« nicht leicht zu definieren. Ganz im Gegenteil. Gerade die Komplexität und große Bandbreite

Kosha setzte sich für die Gründung von GEN Afrika ein, hier mit den Präsidenten von GEN Afrika, Ousmane Pame und Lua Beshala.

scheint den Kern der Ökodorf-Bewegung auszumachen. Kulturelle, individuelle und biologische Vielfalt bilden den Kern unserer Hoffnung auf Nachhaltigkeit. Ob die Vielfalt sich in künstlerischem Ausdruck zeigt, in den vielen spirituellen Wegen und deren Offenheit oder in der Authentizität lokal angepasster Technologien: Der Reichtum an Verschiedenheit ist einer unserer größten Schätze.

Was ist ein Ökodorf?

GEN definiert Ökodörfer als »gewachsene Dorf-, Stadtteil- oder Lebensgemeinschaften, die durch bewusste Beteiligung all ihrer BewohnerInnen gestaltet werden. Ein Ökodorf verbessert die Lebensqualität der Menschen und trägt gleichzeitig dazu bei, die umliegende Natur nicht nur zu schützen, sondern sogar zu regenerieren. Die vier Dimensionen der Nachhaltigkeit – Ökologie, Wirtschaft, Soziales und Kultur – sind zu einem ganzheitlichen Ansatz integriert.«

Ökodörfer kombinieren ein sozial und kulturell hochqualitatives Leben in gegenseitiger Unterstützung mit einem umweltverträglichen Lebensstil. Sie sind Laboratorien der Zukunft, in denen sich zivilgesellschaftliches Engagement zeigt. Sie gewinnen schnell an Anerkennung als Demonstrationsplätze für gelebte Nachhaltigkeit und inspirieren ihre umgebenden Regionen und Gesellschaften. In Ökodörfern können wirkliche Lösungen für den Planeten gesehen und angefasst werden.

Idealerweise würde aus jedem Dorf und jeder Stadt auf diesem Planeten ein Ökodorf oder eine grüne Stadt mit ökologischen Stadtteilen. Wir scheinen zur Zeit als Menschheit zu glauben, dass wir nicht auf der Erde leben können, ohne die Grundlagen unseres Lebens zu zerstören. Aber Ökodörfer zeigen, was alte Weisheiten lehren: Es liegt in unserer menschheitlichen Kraft, Gemeinschaften aufzubauen, die sich nicht nur selbst erhalten, sondern sogar die Natur regenerieren – durch unseren intelligenten und liebenden Einsatz. In Gemeinschaft können sich Seelen wieder aufrichten, die Vielfalt der Ökosysteme sich vergrößern, können wir Wälder neu pflanzen und Wasser reinigen; wir können die Wunden der Vergangenheit heilen und Lösungen finden; wir können in einem Gewebe erfüllender menschlicher Beziehungen leben. Alle nötigen Zutaten sind vorhanden, wenn wir nur unsere Herzen und unseren Verstand auf diese zentrale Entdeckungsreise der Menschheit richten: den Übergang zu einer lebenswerten und lebensunterstützenden Zukunft.

Gründungszeremonie GEN Afrika in Thika, Kenia

Wissensverbreitung

Wir wissen alle, dass ein paar mehr Ökodörfer auf der Welt nicht das Schicksal des Planeten verändern werden. Eine unserer Hauptfragen ist es, wie der Ansatz der Ökodörfer sich in einer größeren Dimension verwirklichen kann, ohne an Tiefe zu verlieren. Eine Antwort darauf gibt das Thema Bildung: An GENs zehntem Geburtstag im Jahre 2005 wurde *Gaia Education* gegründet als ein Ausbildungszweig, um die Erfahrungen von Ökodörfern einer größeren Öffentlichkeit vorzustellen. Ich fühlte mich geehrt, als eine von 24 Ausbildern aus aller Welt zu einem Treffen eingeladen zu werden, welches 2004 in Findhorn stattfand. Gemeinsam wollten wir das Beste, das bisher in Gemeinschaftsausbildungen entstanden war, zu einem Curriculum zusammentragen. Die *Ecovillage Design Education* (EDE) war geboren und wurde ein offizieller Beitrag für die *UN-Dekade für Ausbildung zur nachhaltigen Entwicklung* (2004 bis 2014). Der EDE-Kurs ist ein vierwöchiges Training von globaler Tragweite, aber lokaler Anwendung, ausgerichtet auf kulturelle Vielfalt und gegenseitigen Respekt. Durch den EDE-Kurs können Gemeinschaften ihren eigenen Weg in die Zukunft gestalten. Aufbauend auf ihre größten Stärken in jeder der vier Dimensionen, werden Projekte identifiziert, in denen minimaler Einsatz zu maximalem Erfolg führen kann, um einen nachhaltigen Wandel herbeizuführen. Bis heute wurde der EDE-Kurs bereits in 34 Ländern in aller Welt abgehalten und wird derzeit zu Bachelor- und Master-Kursen für Universitäten weiterentwickelt.

Eine andere Antwort entsteht durch die Zusammenarbeit mit anderen gesellschaftlichen Sektoren. Während der ersten Jahre von GEN haben Ökodörfer sich des öfteren als Inseln einer neuen Kultur verstanden, und es gab eine Tendenz, sich auf sich selbst zu konzentrieren. Heute öffnen sie sich und sehen sich als integralen Bestandteil einer größeren Bewegung für Veränderung. GEN bildet Allianzen, nicht nur mit verwandten Organisationen wie *Transition Town* und Permakultur-Netzwerken, sondern auch mit Regierungen, Unternehmen und der Wissenschaft.

Kooperation mit Regierungen

Wir können von den Beispielen in Senegal und Thailand lernen. Dort unterstützen Allianzen zwischen der Zivilgesellschaft, politischen Entscheidungsträgern und der Wirtschaft Gemeinden darin, auf regionaler und landesweiter Ebene Antworten auf den Klimawandel zu finden. GEN-Senegal wurde 2002 gegründet und demonstrierte Techniken wie Solarkocher, Tröpfchenbewässerung, Permakultur-Design, Aufforstung und vieles mehr in einem Netzwerk von 45 Ökodörfern. Die senegalesische Regierung ließ sich durch diese Beispiele inspirieren und gründete später eine *Nationalagentur für Ökodörfer – ANEV – als Teil des Ministeriums für Umwelt und Nachhaltige Entwicklung*. Heute ist Senegal das erste Land der Welt, das ein nationales Ökodorf-Programm betreibt – mit dem Ziel, 14.000 traditionelle Dörfer in Ökodörfer umzuwandeln.

Im Dezember 2014 fand ein globaler Gipfel der Ökodörfer in Dakar statt, organisiert von GEN in Kooperation mit der senegalesischen Regierung. Ministerpräsident Mohamed Dionne brachte gegenüber den Delegierten aus 40 Ländern sein persönliches Engagement und das des Präsidenten zum Ausdruck: Sie wollen sich dafür einsetzen, das Ökodorf-Konzept auf dem ganzen afrikanischen Kontinent bekanntzumachen.

Top-Down und Bottom-Up integrieren

Die Erfahrung, die GEN und EDE darin gesammelt haben, von reinen Visionen und Worten zur realen Unterstützung von Gemeinden zu kommen, ist unschätzbar. Traditionelle Gemeinschaften werden inspiriert, ihren eigenen Weg in die Zukunft zu finden; sie können mit ihrer Erfahrung sogar Entscheidungsträger beeinflussen und an Strategien mitwirken. Dafür haben wir eine Reihe von Handlungsvorschlägen erarbeitet, die Bottom-Up- mit Top-Down-Aktivitäten kombinieren; wir nennen sie »Zyklus der partizipativen Gestaltung nachhaltiger Entwicklung« (*Adaptive Governance Cycle*). Es sind Schritte, die uns näher zu einer wahren Demokratie bringen und der innewohnenden Weisheit der Zivilgesellschaft vertrauen.

Zu den stark unterbenutzten Ressourcen auf dem Planeten gehören die guten Absichten der Bürger und unsere Bereitschaft für Veränderung. GEN hilft, dieses Potential freizusetzen, und gibt einen Ausblick auf die schöne Welt, die aus all den Tausenden Lösungen entstehen könnte, verwoben in den farbigen Teppich gemeinschaftlicher Vielfalt.

Dies ist die Zeit, die Wunden der Apartheid zu heilen, nicht nur in einem Land, sondern in der Menschheit als Ganzes. Wenn sich innerhalb der GEN-Netzwerke Mon aus Thailand, Lua aus der Volksrepublik Kongo, Margarita aus Kolumbien, Vera aus Portugal und Aida aus Palästina versammeln und sich darüber austauschen, was in ihren Gemeinschaften geschieht, und in Solidarität miteinander handeln, dann bewegen wir uns jenseits aller Konzepte direkt in das Herz der Menschheit hinein. Wir wissen, dass wir eins sind, wir feiern unsere Erfolge und betrauern unsere Verluste zusammen. Wir sind alle auf einem gemeinsamen Weg – geleitet von unserer Fürsorge für das Leben und alle diejenigen, die in unsere Fußspuren treten werden.

Ist es zu viel verlangt, in einer Welt leben zu wollen, wo unsere menschheitlichen Gaben allen nutzen? Wo unsere alltäglichen Aktivitäten dabei helfen, die Biosphäre zu heilen, und dem Wohlergehen anderer Menschen dienen?
Charles Eisenstein

Der »Stamm« ist die ursprüngliche Heimat des Menschen.

Gemeinschaft Dauer geben

Erfahrungen aus der Kernkompetenz der Ökodörfer

Von Leila Dregger

In den Widerstandscamps der letzten Jahre, ob Wall Street, Madrid oder Kairo, kam es wiederholt zu einem Phänomen: Junge Menschen unserer Zeit – durch Leistungsdruck auf Konkurrenz getrimmt, durch Perspektivlosigkeit ernüchtert – erlebten das Wunder der Gemeinschaft. Sie erkannten, dass ihre Probleme nicht privat waren, schlossen sich zusammen, fanden gemeinsam Lösungen *out of the box*. Sie erfanden Kommunikationsformen und demokratische Spielregeln, teilten ihr Essen und ihre Gedanken, entwarfen Aktionen, erwarben Wissen, spürten Liebe, fühlten sich verstanden. Alles schien möglich! Kaum jemand wollte mehr nach Hause. Das war das eigentliche Leben, und sie wollten es nie wieder verlassen.

Sie hatten Gold entdeckt – aber schon nach wenigen Tagen rann es ihnen durch die Finger wie Sand. Wenn endlose Diskussionen um Banalitäten kreisten und das Wesentliche nicht mehr angesprochen wurde; wenn eine schweigende Mehrheit entstand und andere endlos argumentierten – dann war das ganze ermüdende Zahnrad der Konkurrenzgesellschaft wieder eingerastet. Es fehlten Erfahrung und Wissen, die Gruppe wieder zu einigen. Der Traum zerbrach – und zwar meistens bevor die Polizei oder die Armee die Camps räumten.

Dies ist kein Wunder. Das gesellschaftlich vorherrschende Feld heißt immer noch: »Tu es besser allein.« Konkurrenz, Abgrenzung und Gegeneinander bestimmen Politik, Wirtschaft und Alltag bis in unsere seelische Innenwelt hinein. So wurden die meisten von uns konditioniert, so werden wir gesellschaftlich bestätigt – und so bringen wir die Erde in den Ruin, wenn wir uns nicht ändern. Denn ohne das authentische Empfinden von Ganzheit und Gemeinsamkeit, ohne zu spüren, was uns verbindet, ohne diese »unsichtbare Substanz der Zugehörigkeit« (Albert Bates) werden wir nicht in der Lage sein, gemeinsam, rasch und effektiv auf eine sich immer schneller verändernde Welt zu reagieren.

Die meisten innovativen Projekte und Initiativen gehen bei genauerer Analyse nicht an äußeren Bedrohungen zugrunde, sondern an inneren Zerwürfnissen – an Machtkämpfen, Heimlichtuerei oder Eifersucht. Auch Klimaverhandlungen sähen anders aus, wenn Politiker und Lobbyisten sich von ihrem Eigeninteresse lösen und entschlossen für das Gemeininteresse eintreten würden. Sich darüber zu empören, hilft wenig. Damit die »andere Welt«, von der wir träumen, wirklich entsteht, brauchen wir ein neues gesellschaftliches Feld: Gemeinschaften des Vertrauens als Selbstverständlichkeit.

Genau dies ist die Kernkompetenz der Ökodörfer. Bei all ihrer Vielfalt ist ihnen eines gemeinsam: Sie haben entschieden, ihre Themen und Herausforderungen als Gemeinschaft anzugehen – und dabei zu bleiben, trotz aufkommender Konflikte, Schwierigkeiten und Ermüdungserscheinungen. Diejenigen, die ihre Auf- und Untergänge, ihre Versuche und Irrtümer überstanden haben, die sich immer wieder neu gebären und weiterbestehen, oft in der zweiten oder dritten Generation, haben wertvolle Erfahrungen gesammelt und sind bereit, sie weiterzugeben.

Was ist Gemeinschaft?

Alles lebt in Gemeinschaft. Vom Planetensystem bis hin zum Zellverband, alles Leben findet seinen Platz und seine Einzigartigkeit im Zusammenspiel mit anderen, im Rahmen des großen Ganzen. Beim Übergang vom Ein- zum Mehrzeller vervielfältigten sich die Wahrnehmungs- und Bewegungsmöglichkeiten und machten die neue Lebensform der alten weit überlegen. In einem gesunden Organismus verlässt sich jedes Organ auf das andere. Keine Leber muss mit einer Niere um den Sauerstoff ringen. Keine Lunge denkt, sie müsste genauso handeln wie das Herz. Nur gemeinsam schaffen sie es, in aller Unterschiedlichkeit, koordiniert von dem geheimnisvollen Prinzip der Selbstorganisation – unserem großen evolutionären Verbündeten. Der Biologe Bruce Lipton sagt: »Würden die Zellen eines Körpers so in Konkurrenz und Misstrauen leben wie die Menschen untereinander, würde er fast sofort auseinanderfallen.«

Der Stamm ist die ursprüngliche Heimat des Menschen. Wie der Soziologe Steve Taylor es beschreibt, kannten die ursprünglich weltweit existierenden Stammeskulturen keine Gewalt- und Strafaktivitäten. Mit Sexualität ging man eher entspannt um, Frauen und Männer waren relativ gleichgestellt, statt Hierarchie gab es den Kreis, in dem alles besprochen wurde. Der Dauer dieser Kulturen nach zu urteilen, lebten sie nachhaltig. Wenn man ein Tier oder eine Pflanze entnehmen musste, um zu überleben, so tat man es mit Respekt und war dabei niemals grausam. Ein Stamm spürte, wo er eine ökologische Grenze erreichte, und zog weiter. Sich auf Kosten der Gemeinschaft zu bereichern, wäre kein Zeichen von Unmoral, sondern von Geisteskrankheit gewesen. Die globale Gier, die aus der Erde ein geplündertes Warenhaus macht, entspringt dieser Geisteskrankheit. Sie beruht auf Trennung vom ursprünglichen Stammeszusammenhalt. Diese Trennung ist das kollektive Trauma der Menschheit. Wie viel seelisches Leiden, aber auch wie viele körperliche Defekte gehen auf das Konto der verlorenen Gemeinschaft!

Als die afrikanische Kulturbotschafterin Sobonfu Somé erstmals in die USA reiste und eine Familie besuchte, fragte sie überrascht: »Wo sind denn all die anderen?« Ja, wo sind sie denn – die Nachbarn, Freunde, Schwestern, Onkel, Schwiegerkinder und Weggenossinnen, die unserem Leben Wärme, Sinn und Qualität geben? Warum haben wir so viele Möglichkeiten zu Nähe, Kontakt, Austausch, gegenseitiger Hilfe, Zusammenarbeit, Reibung, Korrektur und Voneinander-Lernen aus unserem Leben verbannt?

Geschichtsforscher können die Zeit, da die ursprünglichen Stämme verschwanden, für die jeweiligen Regionen ziemlich genau datieren. Die friedlichen Dorf- und Nomadengemeinschaften des Neolithikums wurden überrannt, als das junge Patriarchat die Welt eroberte und an die Stelle von Kooperation Unterdrückung, an die Stelle von Ergänzung Gewalt und an die Stelle von Miteinander Befehlshierarchien setzte.

Umgekehrt können wir davon ausgehen, dass die damalige Gemeinschaftsform dem wachsenden Ich-Bewusstsein des Menschen nicht mehr gerecht wurde. Dieses brauchte Freiheit, wollte seine Kraft erproben, sich

Gemeinschaft in jedem Kulturkreis

emanzipieren von althergebrachter Tradition und Konvention. So weit, so richtig. Doch anstatt neue Gemeinschaftsformen zu entwerfen, in die mehr Individualität hineinpasste, trennte mensch sich von der Gemeinschaft. Eine Strategie, die nicht zur gewünschten Freiheit führte – im Gegenteil: Der Mensch schuf sich das Gefängnis der Einsamkeit.

Bleibt die Sehnsucht nach Gemeinschaft unerfüllt, werden Menschen Mitglieder von Fanclubs oder Sekten und vertreten Ansichten, die sie gar nicht teilen, wenn sie nur ein wenig nachdenken würden. Der isolierte Mensch ist bereit, alle Grenzen des guten Geschmacks, des besseren Wissens und des Mitgefühls zu überschreiten, nur um irgendwo dazuzugehören. Der Faschismus nutzte diesen Umstand gnadenlos aus.

Wie erhalten Gemeinschaften Dauer?

Es folgen einige Leitgedanken, keine Methodik. Letztlich muss jede Gemeinschaft die Methoden finden, die ihr entsprechen, und sie immer wieder erneuern, nur dann bleibt das Zusammenleben lebendig. Doch gibt es hilfreiche Erfahrungen, von denen ich hier einige teilen möchte.

Gemeinschaft und Individuum

»Nicht die Herde, sondern das Biotop ist das Vorbild von Zukunftsgemeinschaften«, sagt der Soziologe Dieter Duhm. Zukunftsgemeinschaften leben nicht von Gleichmacherei, sondern von ausgeprägter Individualität und Vielfalt. Wir müssen in unseren Gemeinschaften genug Platz für die Entwicklung des Einzelnen lassen, genügend Zeit für das Alleinsein und für das gegenseitige Erkennen: Wir werden sehen, dass Unterschiede und Vielfalt unsere Gemeinschaft bereichern. Wir werden auch den Unterschied zwischen dem Ich und dem Ego erkennen: Während das Ego trennt, ist das Ich immer etwas, das verbindet.

Es gibt keine funktionierende Gemeinschaft ohne Individualität. Umgekehrt gibt es keine Individualität ohne Gemeinschaft: Wir entwickeln sie nicht allein im Kämmerlein, wir brauchen Kontakt, Feedback, Reibung, um zu erkennen, wer wir sind, und ein Gefühl für unsere Stärken und Schwächen zu bekommen. Die Gemeinschaft kann ein Schutzraum dafür sein, unsere persönliche Wahrheit zu erkennen und auszusprechen.

Ein gemeinsames Ziel

In keiner Gemeinschaft werden sich die Mitglieder immer sympathisch sein. Es ist wie bei einer Partnerschaft: Wenn die erste Verliebtheit abflaut und die Projektionen bröckeln, müssen wir entscheiden, ob wir auseinandergehen oder etwas finden, das stärker ist als momentane Sympathie oder Antipathie. Im I-Ging steht: »Nicht Sonderwerke des Ichs, sondern Menschheitsziele rufen dauerhafte Gemeinschaft hervor.« Globale Anteilnahme und ein gemeinsames Ziel, mit dem sich seine Mitglieder stark verbinden können, sind essentiell. Unter den Mitgliedern wächst ein starkes Band, wenn sie merken, dass sie sich in Bezug auf das gemeinsame Ziel ergänzen und aufeinander verlassen können.

Transparenz und Vertrauen

Vertrauen entsteht durch Transparenz. Es entsteht, wenn man im Innersten gesehen wird und den anderen sieht. Und das geschieht, weil man sich selbst zeigt. Es ist erstaunlich, was für eine Last von einem fällt, wenn man weiß: Ich muss keine Angst vor heimlicher Verurteilung haben, die anderen werden mir sagen, wenn sie etwas an mir nicht mögen. Statt heimliches Gerede braucht jede Gemeinschaft Formen, die ihren »Untergrund« sichtbar machen – all das, was man so gerne höflich verschweigen und verdrängen würde, was aber das Klima vergiftet, wenn es nicht ausgeräumt wird. Dieser Austausch sollte von Humor, Wohlwollen und menschlichem Wissen getragen sein, es geht nicht darum, sich gegenseitig zu verletzen, sondern sich zu verstehen, zu zeigen und zu befreien. Eine freie Aussprache, bei der man keine ängstlichen oder wütenden Reaktionen zu befürchten hat, ist erlösend für jede Gemeinschaft.

Leitungsstruktur und Basisdemokratie

Das Vorbild der gemeinschaftlichen Entscheidungsfindung ist nicht mehr die Pyramide, sondern der Kreis. Der nordamerikanische Indianer Manitonquat schreibt: »In einem Kreis ist jeder ein Führender. Das heißt, dass jeder die Verantwortung für den ganzen Kreis übernimmt.« Ohne partizipative Entscheidungsprozesse, in der alle Stimmen gehört werden, entsteht keine Gemeinschaft. Doch Basisdemokratie braucht gereifte Menschen mit Führungsqualitäten, damit Verantwortung tatsächlich geteilt werden kann. Und sie braucht menschliches Wissen und die Bereitschaft zur Transparenz:

Wie viele quälende Sachdiskussionen erweisen sich als Scheingefechte, wenn man die menschlichen Hintergründe sichtbar macht. Letztlich sollten Entscheidungen von denen getroffen werden, die bereit sind, Verantwortung zu tragen. Dafür wurden gerade in den letzten Jahren viele organisatorische Werkzeuge erfunden.

Geschlechterdynamik
Die Unterschiedlichkeit, die Anziehung und die Missverständnisse zwischen Männern und Frauen sorgen in jeder Gemeinschaft für Dynamik, es hilft nichts, sie zu ignorieren. Sogenannte weibliche Qualitäten wie Fürsorge, Empathie, Anteilnahme, Pragmatismus, Zuhören-Können – egal ob sie bei Männern oder Frauen sichtbar werden – sind für Gemeinschaften essentiell und werden mehr abgefragt als in der normalen Geschäftswelt. Nach der historischen Irokesen-Verfassung sollte ein Anführer sein »wie eine gute Mutter«. Jede Gemeinschaft ist nur so gut, wie sie es schafft, das Weibliche zu ehren. Und das Männliche, möchte ich gern hinzufügen: Weitblick, Zielstrebigkeit, Rationalität, Theorie, Tatkraft – egal, ob von Männern oder Frauen vertreten – sind für die Ökodorfbewegung ebenso wichtig. Eine Gemeinschaft sollte Formen finden, sich die Qualitäten bewusstzumachen und auszubalancieren.

Männer- und Frauenrunden empfinden die meisten Gemeinschaften als nützliches Instrument für Austausch, Bestärkung und Heimatgefühl.

Gemeinschaften können Liebespaaren und Familien eine Einbettung bieten; es ist heilsam, im Konfliktfall Freunde zu haben, die nicht zum einen oder zum anderen halten, sondern die Liebe und die Wahrheit zwischen ihnen unterstützen.

Gemeinschaft der Gemeinschaften
Alles, was hier für Individuen gesagt wurde, gilt auch für Gemeinschaften, und wir befinden uns mitten in diesem Vorgang: Sie öffen sich füreinander, erkennen sich, werden gewahr, dass sie viel gemein haben – trotz aller Unterschiede. Gerade die Unterschiede bieten ein großes Ergänzungspotential. Sie tauschen sich aus und kooperieren immer tiefer. Von GEN-Konferenz zu GEN-Konferenz beobachten wir, wie die Gemeinschaften altes Konkurrenzgebaren aufgeben, sich mit ihren Fragen, Themen, Schwächen und Stärken wirklich öffnen und voneinander lernen. Dieser Weg ist sicher noch nicht abgeschlossen – aber schon jetzt genießen wir die Vielfalt dieser

Es gibt keine funktionierende Gemeinschaft ohne Individualität. Leila Dregger mit ihrer Kollegin Visolela Namises aus Namibia

globalen Familie. Ökodörfer des Nordens und des Südens gehen verbindliche Partnerschaften der gegenseitigen Hilfe und Verantwortung ein. In ihren Regionen öffnen sich Ökodörfer für die Arbeit an den gemeinsamen Herausforderungen, arbeiten zusammen mit Stadtplanern, Bürgermeistern und Bürgerinitiativen, um in ihrem Landkreis Auftrieb und Nachhaltigkeit zu bewirken. Ökodörfer sehen sich immer weniger als Einzelphänomen, sondern als Teil eines größeren Ganzen.

Wir nennen dieses Ganze die *Gemeinschaft der Gemeinschaften.* Dazu gehören intentionale Gemeinschaften und Stadtteilinitiativen, traditionelle Dorfgemeinschaften, Aktionsbündnisse für mehr demokratisches und ökologisches Bewusstsein, Selbsthilfegruppen in Slums, Öko-Karawanen, Widerstandscamps und Initiativen in Flüchtlingslagern. Sie umfasst letztlich alle Gruppen und Personen, die wissen, dass wir es nur gemeinsam schaffen werden.

Die Stille im Zentrum

Findhorn, Schottland

Die Findhorn Foundation in Schottland, gegründet 1962, gehört zu den ältesten Ökodörfern. Robin Alfred ist seit 1995 im Leitungsteam und erzählt die Geschichte von Findhorn aus seiner Sicht.

Erfahrungswoche, Mittwochabend. Ich sitze mit drei Männern und zwölf Frauen in einem Kreis im Buchenzimmer von *Cluny Hill* – einem der beiden Zentren der *Findhorn Foundation*. Ich schaue mich um und empfinde Liebe für jeden von ihnen. So etwas habe ich nie zuvor gefühlt. Ich bin Gerichts-Sozialarbeiter in London, schwer überzeugt, auf der richtigen Seite zu stehen, politisch engagiert, eingetragenes Mitglied der Labor-Partei. Ich unterstütze jede mögliche Kampagne, und meine Welt besteht aus denen, die das Richtige denken – so wie ich – und allen anderen. Politik, Meinung und Persönlichkeit trennen mich vom größten Teil der Menschheit. Aber jetzt, in diesem Moment im Buchenzimmer, bin ich verbunden. Ich entdecke jenen leisen, fernen, so oft verschütteten Ort im Herzen eines jedes Menschen. An diesem Abend schreibe ich in mein Tagebuch: »Das Leben wird nie mehr so sein wie bisher. Ich will an einem Ort leben, wo die Erfahrung der bedingungslosen Liebe Dauer bekommt.«

Mein Homöopath hatte mir ein Flugblatt von Findhorn gegeben, und ich war aus einer Laune heraus hingefahren. Warum auch nicht? Die meisten anderen in meiner Erfahrungswoche wussten allerdings schon mehr über den Traum und die Gründungsimpulse dieser international bekannten, beabsichtigten, aber absichtslos entstandenen Gemeinschaft.

Gründung

Am 17. November 1962 zogen Eileen Caddy, Peter Caddy und Dorothy Maclean mit ihrem Wohnwagen und den drei Caddy-Kindern in den bescheidenen Wohnwagenpark der Findhorn-Bucht. Sie brauchten einen Ort, an dem sie leben und sich ernähren konnten. In sandigem Boden und bei ungünstigem Klima legten sie einen Garten an. Das war allerdings kein gewöhnlicher Garten. Jeder der drei Gründer war auf einem spirituellen Weg. Eileen meditierte und war Mitglied der Bewegung für *Moralische Aufrüstung* der 50er Jahre. Peter war Rosenkreuzer und praktizierte positives Denken. Dorothy mit ihrem Sufi-Hintergrund hatte gelernt, Gott an erste Stelle zu setzen. Ihr gemeinsames Wissen floss in den Garten, und sie begannen das Experiment eines Lebens, in dem Menschlichkeit, Würde und die Intelligenz der Natur zusammenwirkten.

Aus diesen Wurzeln entwickelte sich in den folgenden 50 Jahren die Gemeinschaft. Im Garten wuchsen legendäre 40 Pfund schwere Kohlköpfe, die sowohl skeptische Wissenschaftler als auch spirituelle Sucher anzogen. Es schien etwas Interessantes zu passieren in Findhorn! Immer mehr Besucher kamen und erforderten bald gestaltete Programme und eine Gästeunterkunft. Die Erfahrungswochen, der Bau von sieben Zedernhäusern und Kunstateliers, ein Gemeinschaftszentrum und – natürlich – ein Meditationsraum folgten.

Mittlerweile leben hier 600 Menschen: 120 feste Mitglieder erhalten Unterhalt und ein kleines Taschengeld für ihre Mitarbeit, und 500 Menschen siedelten sich ringsum an. Wir haben die höchste Dichte sozialer Unternehmen in Großbritannien (derzeit 45) und unsere Gemeinschaftsorganisation, die *New Findhorn Association*, koordiniert alle Aktivitäten der Gemeinschaft. Die *Foundation* selbst, die Stiftung im Herzen der Gemeinschaft, hat ein Vermögen von 5 Millionen Pfund und ein Jahreseinkommen von 2 Millionen. Ihre Workshops für persönliche Entwicklung und Trainings in Nachhaltigkeit dauern zwischen einigen Tagen bis mehreren Monaten und haben über 2000 Teilnehmer pro Jahr. Sie wurde mit vielen Preisen für den Seminarbetrieb und die bauliche Umsetzung ausgezeichnet. Ihr ökologischer Fußabdruck ist halb so groß wie der des britischen Durchschnitts und einer der niedrigsten in der westlichen Welt. Die *Foundation* ist eine eingetragene Nicht-Regierungsorganisation der UNO; und Eileen Caddy wurde wenige Jahre vor ihrem Tod 2006 von der Queen für ihre Verdienste geehrt.

Viel hat sich in diesem halben Jahrhundert ereignet. Von einer »Alternative zum Mainstream« sind wir eine »Ergänzung« geworden. Neue Partnerschaften entstanden, und wir beraten regelmäßig Lokalverwaltungen, Stadtplaner, Bürgermeister und Studenten in Nachhaltigkeit und Zukunftsfähigkeit.

Führungsprinzipien

In den vier Jahren nach meiner Erfahrungswoche besuchte ich die *Foundation* mehrmals. 1995 nahm ich an einem dreimonatigen Kunstprogramm teil und fuhr nie wieder weg. Acht Monate lang arbeitete ich in der Hauswirtschaft und lernte, mit Liebe und Achtsamkeit Toiletten zu reinigen und Bettlaken zu falten. Dann wurde ich zu meiner eigenen Überraschung gebeten, Gespräche zur grundlegenden Erneuerung der Foundation zu moderieren. Seitdem übernahm ich verschiedene Leitungspositionen, einschließlich des Vorsitzes von Management und Kuratorium. Ich habe unendlich viel gelernt. In diesem Artikel möchte ich mich auf den sozialen und wirtschaftlichen Bereich konzentrieren.

Peter, Dorothy und Eileen verkörperten in ihren Führungsqualitäten drei Archetypen. Peter war ein Mann der Tat, mit fokussiertem Willen und Absicht – der männliche Archetyp per se. Eileen lebte das weibliche Prinzip der Empfänglichkeit und des inneren Zuhörens: »Sei still und wisse, dass ich Gott bin.« Und Dorothy stimmte sich auf die Devas ein – Intelligenzen, die

Die Gründer vor fünfzig Jahren in ihrem Garten auf dem Campingplatz, der zu einer Legende werden sollte: Dorothy McLean, Eileen und Peter Caddy

Pflanzen, Tiere und Naturwesen überstrahlen. Die Kombination dieser drei Prinzipien bildet nicht nur das Herz der Findhorn-Gemeinschaft, sondern jedes erfolgreichen Unternehmens. Leitung ist nur effektiv, wenn es die männlichen, weiblichen und ko-kreativen Prinzipien integriert.

Man kann die Entwicklung der Findhorn-Gemeinschaft an der Präsenz oder Abwesenheit dieser Prinzipien ablesen. Nachdem zuerst Peter und dann Dorothy die Gemeinschaft in den 70ern verließen und Eileen blieb, wurde das weibliche Prinzip des Lauschens auf die »kleine, leise Stimme im Innern« in der Gemeinschaft stark gelebt. Dorothys Rückkehr im Jahr 2009 ließ das Prinzip der Ko-Kreation mit der Natur wieder aufleben. Ob zu Recht oder zu Unrecht, oft wurde das Fehlen männlicher Energie beklagt. Auch ich hielt es in meiner Leitungsrolle oft für nötig, meine männliche Antriebskraft mit soviel weiblicher Anmut und Feinheit zu ummanteln, wie ich nur aufbringen konnte. Zeitweise sind wir begabter darin, Prozesse zu begleiten und nährende Beziehungen aufzubauen, als Ergebnisse zu erzielen.

Das weibliche Prinzip manifestierte sich auch in dem Wunsch, lange in Kreisen zu sitzen und einen Konsens zu erzielen. Die Zeiten, als 300 Menschen der Farbe des neuen Teppichs im Cluny-Speisesaal zustimmen mussten, sind zum Glück vorbei. Trotzdem blieb die Entscheidungsfindung ein langer und komplexer Vorgang. Nachdem wir die Tyrannei der Neinsager kennengelernt hatten, entwickelten wir Entscheidungsfindungsprozesse, die das Prinzip der Einstimmigkeit überwanden. Wenn Menschen einer Entscheidung nicht zustimmen, hilft es, sie zu fragen, ob sie eine »loyale

Minderheit« bilden – d. h. die Umsetzung der Entscheidung auch dann nicht zu sabotieren, wenn man den eigenen Vorschlag nicht durchbringen konnte. Oft haben wir die Entscheidungsfindung in kleinere Gruppen delegiert. Seit kurzem arbeiten wir mit Soziokratie.

Ökonomie

Wie viele Ökodörfer und viele Bewohner dieses Teils von Schottland leben wir permanent unter ökonomischem Druck. Die *Foundation* überlebt vor allem, weil ihre Mitglieder bereit sind, mehr oder weniger Freiwilligen-Arbeit zu leisten. Aber auch in der Region ist es schwer, zu Wohlstand zu kommen. Wir haben verschiedene Maßnahmen ergriffen:

2001 gründeten wir die Wirtschaftsgenossenschaft *Ekopia* als offiziellen Träger für ethische Investitionen in die Gemeinschaft. Während ich dies schreibe, werden gerade 1 Million Pfund in eine Reihe von Gemeinschaftsprojekten investiert, einschließlich der Moray-Waldorf-Schule, dem Findhorn-Windpark und den Phoenix-Gemeinschaftsläden.

Seit 2002 haben wir unsere eigene Währung, den *Eko*, ausgestellt durch *Ekopia*. Ein *Eko* ist ein Pfund wert. Obwohl lediglich 20.000 Ekos im Umlauf sind, stimuliert die Währung den lokalen Handel und erinnert uns daran, dass wir mit jedem Einkauf eine Wahl treffen: Lokal einkaufen hilft beim Aufbau einer vielfältigen und ökonomisch nachhaltigen Gemeinschaft.

Und besonders wichtig: Seit den Anfängen der Gemeinschaft arbeiteten wir mit den Gesetzen der Manifestation, die in den 70ern von David Spangler formuliert wurden. Sie besagen, dass die Mittel für die Verwirklichung eines Projektes sich in dem Maße einstellen, wie wir den Willen des Universums wahrnehmen und unsere innere Arbeit damit in Übereinstimmung bringen. Vom Bau der Kunst-Ateliers, des Gemeinschaftszentrums und der Universal Hall in den 70ern, über den Kauf des Wohnwagenparks 1983 bis zum erst kürzlich erfolgtem Bau des weithin gefeierten Moray-Kunstzentrums gibt es unzählige Projekte, die nach diesem Prinzip verwirklicht wurden. »Tu, was du liebst, und das Geld wird kommen« oder »Fühle die Angst, aber tu es trotzdem«, sind alltagstaugliche Formulierungen dieser Prinzipien. Die *Findhorn Foundation* hätte sich ohne ihre Anwendung niemals so entwickeln können. Doch Vorsicht: Es bedeutet nicht, dass man alles erhält, was man sich wünscht. Die Wünsche müssen mit dem Willen Gottes oder des Universums übereinstimmen.

Findhorn heute: ein eng gewebtes Dorf aus Gemeinschaftshäusern und Gärten

Ausatmen

Nach fünf Jahren Arbeit im Herzen der Gemeinschaft und Wohnen in einem romantischen, verrückten und schimmel-gefährdeten Wohnwagen im *Findhorn-Park* habe ich ein Haus im Dorf Findhorn gemietet. Eileen Caddy, die meine Freundin und Mentorin war, sagte, ich müsse wohl »ausatmen«. Genauso fühlte es sich an. Damals war ich einer von einem Dutzend Mitarbeitern, die von ihrem kleinen Lohn ihre Miete, Stromrechnung und Essen zahlen mussten und gleichzeitig Vollzeit für die *Foundation* arbeiten. Viele Langzeit-Gemeinschaftsmitglieder leben mittlerweile so.

Am Ende möchte ich zu dem kommen, was mich am meisten an den vier Dimensionen der Nachhaltigkeit interessiert – einem Konzept, das wir hier in Findhorn wenn nicht entwickelt, so doch durch John Talbott und andere als erste gelebt haben. Es ist nicht so sehr der Weitblick, Nachhaltigkeit sozial, ökonomisch, ökologisch und kulturell zu definieren. Es ist die Wahrnehmung der Stille im Zentrum, von der alles ausgeht. Oder in Eileen Caddys Worten: *Willst du der Welt helfen? Dann schau nach innen! Wenn du dein Bewusstsein von Liebe, Frieden, Harmonie und Einheit veränderst, ändert sich das Bewusstsein der ganzen Welt.*

Mehr: www.findhorn.org

In der Solution Library – solution.ecovillage.org:
Living Machine
Tuning-in

Das Dorf Kitezh bietet Waisenkindern und Pflegefamilien ein Zuhause.

Eine Gemeinschaft von Pflegefamilien

Kitezh, Russland

*Die Gemeinschaft Kitezh gibt Pflegekindern ein Zuhause.
Andrew Aikmen hörte bereits 1994 von dem Projekt,
besuchte es aber erst 2006 – und blieb. Heute lehrt er
in Kitezh englisch, arbeitet als Zimmermann und
betreut die internationalen Freiwilligen.*

Der Weiler Kitezh liegt etwa 360 km südlich von Moskau in der Nähe des Dorfes Chumazovo und ist umgeben von Wäldern. Der See zwischen Kitezh und Chumazovo ist im Frühling von leuchtend grünen Wasserlinsen bedeckt und im Winter von einer dicken Eisschicht. Der Weiler besteht aus sechzehn Häusern, einer Schule, einer Werkstatt und mehreren Nebengebäuden, unter anderem einem Kuhstall. Unser ökologischer Fußabdruck ist klein, aber das ist gar nicht unser wichtigstes Anliegen.

Noch vor dem Zusammenbruch der Sowjetunion beobachtete der bekannte Korrespondent von *Radio Mayak* in Russland, Dmitry Morozov, das Elend der Straßenkinder, die zu Zehntausenden ohne die Hilfe Erwachsener überleben müssen. Die Sowjetunion zerfiel und mit ihr das Ideal des Kommunismus. Morozov, der eine gute Bildung genossen hatte und weit gereist war, sah in den westlichen Werten keine wirkliche Alternative. Er beschloss, eine Gemeinschaft aufzubauen, die speziell Kindern ein anderes Leben ermöglicht.

Morozov nutzte seine Möglichkeiten als Journalist und bat öffentlich um Unterstützung. Die ermutigende Antwort könnte man mit dem Bibelzitat beschreiben: »Viele kamen, doch nur wenige wurden erwählt.« Die Lokalregierung der Kaluga-Region sah Kitezh als Chance, ihr Image aufzupolieren. »Lasst uns ihm hier und dort etwas Land geben, das wirkt gut«, mögen sie gedacht haben, und: »Sein Vorhaben wird sowieso scheitern, und dann erhalten wir das Land zurück.«

Das war 1992. Heute gibt es Kitezh immer noch. Aus dem anfänglichen Misstrauen der Behörden sind gute Beziehungen geworden. Immer wieder lud Morozov Regierungsmitglieder, Erzieher und Sozialarbeiter aus der Region und aus ganz Russland ein, um Kitezh zu besuchen und kennenzulernen.

Anfangs gab es nur Außentoiletten, und das bei Wintertemperaturen von -30°. Die Pioniere – fast alles Stadtmenschen – bauten mit eigenen Händen die Schule und die Häuser; ihre Arbeit wurde von Morozovs Einkünften und Spenden finanziert. Es waren Zeiten voller Optimismus, Idealismus, harter Arbeit und viel Humor. Die Ärztin Marina, eine kultivierte Moskauerin, erinnert sich: »Bei meinem ersten Besuch trug ich einen langen Mantel und elegante weiße Handschuhe. Morozov sah mich von oben bis unten an und dachte, ich würde nicht mal den ersten Winter hier überstehen. Tja, das war vor siebzehn Jahren, und ich bin immer noch hier.«

Heimat für Sozial-Waisen

Wir haben uns in Kitezh bewusst für ein Leben entschieden, das aus Pflege und Fürsorge für die Kinder besteht. Russland hat offiziell etwa 700.000 Sozialwaisen. Es sind Kinder, deren Eltern leben, aber meist aufgrund von Alkohol für unfähig erklärt wurden, ihre Kinder betreuen zu können. »Mama kam manchmal tagelang nicht nach Hause, und es gab nichts zu essen. Ich ging dann zu Oma, die mich versorgte. Wenn Mama zurückkam, hat Oma sie angebrüllt, aber das half nichts.«

Jedes Land hat seine sozialen Desaster. Die Kitezh-Gemeinschaft, inzwischen von Maxim Aneekiev geleitet, hilft Kindern, den Alltag zu bewältigen, ihr Trauma und ihren Schmerz zu überwinden. Kinder lernen nicht, indem sie Erwachsenen zuhören, sondern indem sie eine heilende Umgebung voller Herausforderungen, Fürsorge und Liebe erkunden. Es ist die innere Welt der Erwachsenen, die die Umgebung der Kinder gestaltet. Morozov sagte: »Vielleicht wäre es das Beste, zuerst die Erwachsenen zu heilen, bevor sie mit den Kindern arbeiten. Aber eigentlich entwickeln sich beide Seiten gemeinsam. Das ist der natürliche Weg. Wenn Menschen ihre alltäglichen Tätigkeiten mit Bewusstsein begleiten, werden sie die Notwendigkeit verstehen, sich zu ändern und an ihrer Haltung dem Leben gegenüber zu arbeiten. Indem sie anderen helfen, helfen sie sich selbst.«

Spielend lernen

Es gibt regelmäßige Achtsamkeitstreffen, wo Kinder in kleinen Gruppen darüber sprechen, was sie in den letzten Tagen gelernt und erlebt haben. Das kann die Schönheit einer Mondschein-Nacht sein oder Gefühle wie Schmerz oder Freude, die entstehen, wenn ein Kind von seiner Vergangenheit eingeholt wird. Durch Austausch lernen sie, sich selbst zu verstehen und ihre Gefühle zu deuten. Kitezh hat einen hervorragenden Theaterregisseur. Wenn Kinder Rollen spielen, lernen sie auch viel über sich selbst und erfahren, dass sie auch ihre eigene Persönlichkeit »spielen«.

Während seines ersten Jahres nimmt ein Kind an *Kafchek-Abenden* teil. Kafchek bedeutet *Arche* wie in Arche Noah: ein sicherer Ort. Kinder suchen sich Erwachsene aus, aber nicht ihre Eltern oder Pflegeeltern, und verbringen eine Stunde mit ihnen, trinken Tee, lernen sich kennen, entdecken einander als wirkliche Menschen.

In der heilenden Umgebung der Gemeinschaft ist die Welt nicht in isolierte Segmente von Schule, Zuhause, Arzt, Privatleben usw. aufgeteilt. Die

Gemeinschaft übernimmt die Aufgaben von Sozialarbeitern, Lehrern, Eltern, Psychologen. Kinder kennen ihre Lehrer, denn es sind ihre Eltern oder die von Freunden.

Makim Anikeev: »Unser Ausbildungssystem baut auf den Interessen des Kindes auf. Die Lehrer müssen flexibel sein und die Bedürfnisse der Kinder spüren. Unterricht und Fürsorge für Kinder ist die Aufgabe aller Dorfbewohner, einschließlich des Fahrers und des Kochs. Alle Fragen sind wichtig – sei es, wie und wann Unterrichtsstunden stattfinden, ob Hausaufgaben allein oder in Gruppen gemacht werden oder wie man die Stärken der Kinder wachruft und ihre Wissenslücken schließt – und wie wir ihre seelischen Narben heilen, indem wir unermüdlich ihre Erfolge und Fehlschläge wahrnehmen und anerkennen.«

Bei Kindern, die niemals Liebe und Fürsorge erfahren haben, kann das Defizit zu einem schwarzen Loch anwachsen, das sich zeitlebens nie mehr füllt. Hier liegt die größte Herausforderung für die Gemeinschaft von Pflegeeltern. Ist ein Kind einmal Teil unserer Familie – der Gemeinschaft – geworden, werden wir es niemals aufgeben, egal was geschieht. Die Last wird gemeinsam getragen und ebenso die Freude. Auf dem Weg zu einem sozialen Verhalten durchlaufen Pflegekinder viele Herausforderungen – zum Beispiel Diebstahl. In Waisenhäusern und auf der Straße nehmen sie, was sie kriegen können. Klauen und Horten gehört zu ihrer Überlebensstrategie. Wie ein Junge sagte: »Betteln müssen ist die größte Schande.«

In meiner Lehrerausbildung wurde mir gesagt: »Schenke den Kindern nicht dein Herz, sie werden es brechen.« In Kitezh schenken wir den Kindern unser Herz, aber im Rahmen der Gemeinschaft. Der Teenager, der seine Eltern »hasst«, kann sich eine andere Familie in der Gemeinschaft aussuchen, bis seine Rage vorüber ist – normalerweise dauert es einige Wochen. Die Pflegeeltern werden darauf achten, ihre Liebe für den Teenager häufig und deutlich zu zeigen.

Manchmal bleiben die jungen Erwachsenen nach ihrem Schulabschluss noch eine Weile in der Sicherheit der Gemeinschaft und arbeiten als Freiwillige in der Küche, im Garten oder auf dem Hof mit. Wir warten einfach, bis sie emotional in ihre volle Reife hineinwachsen und bereit sind, in die Welt hinauszuziehen.

Unseren therapeutischen Rahmen nennen wir auch »Das Spiel«. Eine Reihe von sich langsam steigernden Aufgaben führt die Kinder Schritt für Schritt in Selbstverantwortung und Reife.

Gerechtigkeit

Die wöchentlichen Gemeinschaftstreffen sind das Bindeglied der Gemeinschaft. Wir beginnen sie mit der Begrüßung und der Feststellung, wer da ist und wer nicht. Dann stellen wir das Programm der nächsten Woche vor, denn Pflegekindern macht Unvorhersehbarkeit meistens Angst. Sie wollen wissen, was sie zu erwarten haben. Als nächstes gibt es das »Business«: Jeder Mensch, egal wie alt, kann jedes Thema aufbringen; die anderen hören zu und nehmen es ernst. Ob der Tellerwäscher nicht ordentlich spült, wer nach den Hühnern schaut oder ob wir das Spiel »geheimer Freund« spielen können – all diese Fragen werden offen in der ganzen Gemeinschaft beraten und nicht von der Minderheit der Erwachsenen entschieden. Dann geht es darum, wer welchen Schritt im »Spiel« erreicht hat und worauf wir uns freuen. Schließlich kommen der Dank und die Anerkennung für Erreichtes. Das Treffen endet mit einem Moment der Stille.

Gerechtigkeit ist ebenfalls eine öffentliche Angelegenheit. Jeder kann unser Gericht anrufen, das in öffentlichen Verhandlungen versucht, eine Lösung zu finden. Eine Lösung – keine Vergeltung. Meistens machen »Täter«, die ihr Vergehen akzeptiert haben, Angebote in Form von Arbeit oder Rückgabe. Das geschieht immer mit Zustimmung und Einverständnis aller. Die öffentliche Gerichtsverhandlung hilft allen, die Auswirkungen ihrer Taten besser zu verstehen.

Im Zusammenleben lernen Kinder und Jugendliche soziales Verhalten.

44

Geschwister aufzunehmen, ist oft eine besondere Herausforderung. Wenn die Werte von Kitezh und die der Familienzugehörigkeit im Widerspruch stehen, wählen die Kinder fast immer die der Familie. Sonya kam als kleines Kind mit vielen Geschwistern nach Kitezh. Sie lehnte unsere Lebensweise ab. Schließlich verstanden wir, dass sie nur nach Kitezh gekommen war, um bei ihren Geschwistern zu sein. Wir baten ein Waisenhaus, sie für einige Wochen aufzunehmen, so dass sie ihre Situation in Ruhe überdenken und eine echte Entscheidung treffen konnte, ob sie in Kitezh leben wollte oder nicht. Sie beschloss, zurückzukommen, aber erst nachdem ihre Geschwister nach und nach die Gemeinschaft verließen, erkannten wir die Tiefe ihrer Entscheidung.

Die Arbeit von Kitezh wurde durch unser Ferienangebot der *Rollenspiele* in der Region von Moskau bekannter. Diese zweiwöchigen Veranstaltungen helfen den Kindern, ihre eigenen Themen mutig anzugehen und sich von ihren Freunden Unterstützung zu holen. Seitdem wir diese öffentlichen Veranstaltungen machen, nimmt Kitezh auch Kinder aus funktionierenden Familien auf, die es in den normalen Schulen schwer haben.

Von Anfang an knüpfte Kitezh internationale Kontakte, besonders wichtig sind jene mit Liza Hollingshead und *Ecologia*, einem ökologischen Jugendverband aus Findhorn in Schottland. 1995 kamen die ersten Jugendlichen, um Russland, Kitezh und unseren Lebensstil kennenzulernen. Mit der Unterstützung von *Ecologia* bietet Kitezh ein Programm für internationale freiwillige Helfer an, die drei Monate bleiben und mitarbeiten. Es kommen Studenten für russische Sprache und Kultur, Jugendgruppen aus den USA, Kanada und England und einzelne Besucher aller Altersstufen, die unsere Arbeit kennenlernen wollen.

Über Kitezh wurde oft im Fernsehen und in der Presse berichtet. Dmitry Morozov erhielt eine nationale Auszeichnung für seine Arbeit, und Maxim Anikeev veröffentlichte verschiedene wissenschaftliche Beiträge und hielt Vorträge über das Aufwachsen benachteiligter Kinder.

Mehr: http://en.kitezh.org

In der Solution Library – solution.ecovillage.org:
Schooling without fear
The Self Empowerment Game

Das Ökodorf Sieben Linden besteht aus konsequent ökologischen Wohnhäusern und Werkstätten.

Alternative im Mainstream

Ökodorf Sieben Linden, Deutschland

Das Ökodorf Sieben Linden ist ein Dorfprojekt mit derzeit 140 BewohnerInnen in Sachsen-Anhalt und entstand 1997. Dieter Halbach war ein maßgeblicher Gründer und reflektiert, wie es nach der Wende in Deutschland möglich war, ein großes Ökodorf-Projekt mit gesellschaftlicher Unterstützung zu realisieren.

Ich bin Anfang der 50er Jahre in West-Berlin aufgewachsen, ohne Natur, im Hochhaus, nur mit meiner Mutter. Es gab ein großes Erschrecken, wenn es mal klingelte. Aus dieser Isolation heraus entstand meine Gemeinschaftssehnsucht. Während der Anti-Atom-Bewegung gründeten wir die Republik Freies Wendland. Danach wusste ich, dass ich in einem Dorf leben will, das nicht von der Polizei geräumt werden kann.

Ich habe 10 Jahre in Italien das Aussteiger-Dasein ausprobiert, mit allen Schattenseiten einer kleinen, isolierten Gemeinschaft. Ich musste erleben, wie meine Frau nach unserer Trennung mit unserer kleinen Tochter verschwand. Nach Wiedervereinigung und Mauerfall ging ich zurück nach Deutschland, voll motiviert, eine größere Gemeinschaft zu gründen, in der auch Kinder geborgen leben können. Meine zweite Tochter konnte – trotz erneuter Trennung – letztlich im Ökodorf behütet aufwachsen, und in der richtigen Distanz war auch die Freundschaft zu ihrer Mutter weiterhin möglich.

Es dauerte von 1990 bis 1997, bis wir das Ökodorf gründen konnten. Gesellschaftlich gab es drei große Pluspunkte: Bestehende große Gemeinschaften standen für Erfahrung im deutschsprachigen Raum. Zweitens, dass auf der UNO-Konferenz 1992 in Rio erstmals als Ziel soziale und ökologische Nachhaltigkeit formuliert wurde. Drittens das gesellschaftliche Klima in den neuen Ländern: Der Staatssozialismus war zusammengebrochen, aber die Sehnsucht nach Gemeinschaft blieb.

1990 veranstalteten wir ein Festival mit 1000 Teilnehmern, bei dem Menschen aus dem Osten mit Gemeinschaftssehnsucht real existierende Gemeinschaften aus dem Westen trafen. Dort trat das Ökodorfprojekt zum ersten Mal öffentlich auf. Es sollte ein eigenständiges Dorf mit 300 Menschen und 100%iger Selbstversorgung werden, abgekoppelt von der bestehenden Industriegesellschaft. Drei Ziele kamen später hinzu: Erweiterung der Selbstversorgung auf die Region, globale Vernetzung sowie menschliche Innenarbeit und Spiritualität.

Ich bestand nach der schmerzhaften Erfahrung in Italien von Anfang an darauf, menschliche Themen in den Mittelpunkt zu stellen. Selbstreflexion und sich voreinander zu zeigen ist ein Lebenselixier für die Gemeinschaft. Eine Gruppe braucht ein verlässliches menschliches Zentrum. Mit dieser erweiterten Konzeption entstand eine neue Kerngruppe. Es war die zweite Geburt des Projektes, 1991.

Wir gründeten eine Genossenschaft. Die Geländesuche war schwierig, weil wir ein zusammenhängendes Landstück brauchten, wo 300 Menschen leben und sich versorgen können, und eine Gemeinde, die uns aufnehmen und einen Bebauungsplan aufstellen würde. So viel realpolitische Erfahrung hatte ich, um zu wissen: Dieser Bebauungsplan wäre europaweit eine Novität.

1993 gründeten wir kurz vor Wintereinbruch in Groß Chüden ein Projektzentrum mit Schule, Werkstätten, Seminarbetrieb und kleiner Gemeinschaft. Es war eine herausfordernde Zeit mit einer so schwierigen Gruppendynamik, dass nach drei Jahren nur wenige Menschen überhaupt noch die Idee des Ökodorfes umsetzen wollten. Da geschah eines der Wunder, ohne die wir es wohl nicht geschafft hätten: Die deutsche Bundesstiftung Umwelt hatte den TATorte-Wettbewerb ausgeschrieben. Angesichts der blühenden Landschaften, die Kanzler Kohl versprochen hatte, die aber gar nicht blühten, sondern ausstarben, sollte der TATorte-Wettbewerb kulturelle, ökologische, ökonomische und soziale Lösungen aufzeigen.

1996 gewannen wir den Preis, zu dem ein Film, eine Ausstellung und ein Buch über uns gehörten. Mit dieser öffentlichkeitswirksamen Aktion haben wir in Salzwedel im Landratsamt einen Monat lang eine Ausstellung gemacht. Jetzt waren wir Hoffnungsträger und nicht mehr Aussteiger. Der Landrat hielt (gezwungenermaßen!) eine große Rede, wie wichtig es sei, Visionen zu probieren und sein Auto mal stehen zu lassen.

Mit zwei PS auf dem Acker als ökologische Alternative zum Traktor

Konzeptioneller Neustart

Mit diesem Nadelöhr kam es zur 3. Geburt: ein konzeptioneller Neustart und eine Gruppengründung mit neuen und alten Siedlern. Wir fanden im Frühjahr 1997 in Poppau einen verfallenden Hof außerhalb des Dorfes und kauften ihn günstig als landwirtschaftliche Fläche, obwohl wir Bauland daraus machen wollten. Die Gemeinde Poppau stellte einen Antrag auf einen Bebauungsplan. Das rechne ich den Verantwortlichen hoch an. Sie sind das Risiko eingegangen, einen Fremdkörper von letztlich 300 Menschen anzunehmen. Es gab von Anfang an interessante gemeinschaftliche Beziehungen zwischen uns und dem bestehenden Dorf – zwei gleichberechtigte Organismen in gutem Einvernehmen.

Mit dem Kauf gingen wir auch ein Risiko ein. Wenn der Planungsantrag abgelehnt würde, könnten wir vielleicht eine Landkommune mit 10 Leuten gründen, aber kein Dorf. Ein solcher Plan ist ein großes Werk gegen den Trend, im ländlichen Raum nur noch größere städtische Zentren zu entwickeln. Wir mussten belegen, dass wir ein Modellprojekt sind, das mit der Landschaft gut umgeht und Menschen in die Region holt. Alles gehörte dazu: Schulplanung, Energie, Wasser. Zum Glück wurden wir von der rot-grünen Landesregierung wohlwollend unterstützt. Umwelt-Ministerin Heidrun Heidecke war eine gute Freundin. Dennoch, jede Behörde musste zustimmen.

In diesen fachlich und politisch zerbrechlichen Prozess hinein kam die Zeitungsmeldung, wir seien eine Sekte. Das wäre normalerweise der Todesstoß. Entstanden war das Gerücht durch das *Come Together Netzwerk*, in dem wir u. a. mit dem *ZEGG* zusammenarbeiteten. Eine Verleumdung ist leicht auszusprechen, aber nicht so leicht zu bereinigen. Es reichte, dass ein Pfarrer behauptete, wir würden Kinder missbrauchen. Jeder weiß, wie schwer so ein Vorwurf zu entkräften ist. Doch durch den Fraktionschef der Grünen, Pfarrer Jochen Tschiche, bekamen wir Kontakt zur Kirchenleitung, die uns versicherte, jeden Vorwurf gegen uns und das ZEGG öffentlich zurückzunehmen. Ich holte den Sektenbeauftragten der evangelischen Kirche ab, der uns auf der Dorfversammlung freisprechen sollte. Im Auto stellte er plötzlich eine Bedingung: Wir müssten das ZEGG vom Come Together Netzwerk ausschließen. Ich fragte ihn, ob es gegen das ZEGG beweisbare Vorwürfe gäbe. Er sagte nein. Ich sagte ihm, es sei für mich nicht mit christlicher Nächstenliebe vereinbar, den unschuldigen Bruder aus dem Boot zu kippen, um selbst besser zum Ufer zu kommen.

Doch er wiederholte auf der Versammlung die Vorwürfe. Unsere Leute waren verzweifelt. Da stand eine Schwangere aus Poppau auf und fragte: Geht nun eine Gefahr vom Ökodorf für unsere Kinder aus oder nicht? So direkt gefragt, musste er verneinen. Das wendete das Blatt. Wir luden das Dorf am nächsten Sonntag um 14 Uhr zu Kaffee und Kuchen und Volleyball ein.

An dem Tag hatten wir alles vorbereitet. Es wurde 14 Uhr. Wir warteten. Kein Mensch kam. Vom Ökodorf geht eine lange gerade Straße zum Dorf. Ich schaute schließlich runter auf die Straße und dann sah ich es: Ungefähr 100 Menschen kamen auf uns zu, Hand in Hand, Omas, Opas, Kinder, alle Dorfbewohner. Das ist der Moment, der mir immer noch Gänsehaut bereitet.

Ich fragte sie: »Was ist mit dem Sektenvorwurf?« Ihre Antwort: »Wir glauben doch nicht alles, was in der Zeitung steht.« Das Band, das damals entstand, hält bis heute. Wenn es einen Konflikt gibt, kommen wir zusammen, um ihn zu lösen. Als Reifen von Jägern zerstochen waren, riefen sie nicht die Polizei, sondern fragten uns: »War das jemand von euch?« Wir sagten, das finden wir heraus – und organisierten ein Treffen von Jägern und Tierschützern. An jedem 1. Mai feiern wir in Poppau mit den Bewohnern bei Volleyball und Kuchen – für mich ist es ein Friedensfest.

Für den Bebauungsplan starteten wir einen Dialogprozess bis hinein in die Landesregierung. 1998 feierten wir Eröffnung, obwohl wir den Bebauungsplan immer noch nicht hatten. Der Bürgermeister fragte: »Was feiern Sie denn?« Ich sagte: »Das Prinzip Hoffnung.«

Noch während des Festes kam die Nachricht des Planungsbüros: Der Bebauungsplan ist durch. Die Landesregierung hatte bestätigt, dass wir ein Modellprojekt sind und uns zu ökologischen und sozialen Kriterien verpflichten. Das war ein Fest! Wir hatten alle Hürden genommen. Wir waren mit der Unsicherheit gegangen. Wir hatten alles Menschenmögliche getan. Es gelang, weil wir Rückenwind hatten: die Menschen im Dorf, die Behörden, die Landesregierung, den TATorte-Wettbewerb. Dieser magische Rückenwind ging weit über das hinaus, was wir als Gemeinschaft aus eigener Kraft erreicht hätten.

Ein Stück weit angekommen

Heute sind wir ein Stück weit im Mainstream angekommen. Das Ökodorf wird von der Gesellschaft anerkannt und angezapft. Politiker aus allen

Parteien fragen nach, von der CDU-Landesregierung, deren Arbeitsgruppe Demographie wissen will, warum wir das einzige Dorf sind, das wächst – bis zur Linksfraktion, die sich für friedliche Kommunikation interessiert. Das ist das Schöne am Ökodorf, die Komplexität vom Waldkindergarten bis zur Altenpflege, von dezentralen Energie- und Abwassersystemen bis zu Entscheidungsverfahren: auf allen Ebenen gibt es Themen, die in der Gesellschaft gefragt sind. Seitdem wir hier sind, berichtet die Presse nur noch positiv. Unsere Themen sind mittlerweile in der Gesellschaft angekommen.

Es gibt auch Nachteile. Das Ökodorf liegt in einer strukturschwachen Region. Es gibt keinen alternativen Speckgürtel, kein kulturelles Zentrum, keine Großstadt. Man schmort dann schon mal im eigenen Saft, redet kleine Dinge groß, braucht viel Kraft für die Entscheidungsfindung. Eine Professionalisierung im positiven Sinn ist immer noch in den Anfängen. Das ist in anderen Gemeinschaften auch so. Alle haben die Frage, wie wir auf die nächste Stufe kommen, wo wir nicht überfordert sind, sondern mehr Luft lassen, mehr Individualität, Entwicklungsraum und unternehmerische Initiative.

Für mich als Visionär geht der Prozess manchmal zu langsam, es gibt zu viele persönliche Befindlichkeiten und Energieverluste. Das ist ein Grund, warum ich nach 25 Jahren gehe. Aber es ist kein dramatisches Weggehen. Der Aufbau des Ökodorfes hat Sinn gemacht. Ich habe Weggefährten gefunden, auch dort, wo ich sie nicht vermutet hätte. Menschen, die in einer Welt lebten, die viele von uns früher als feindlich wahrnahmen. Für diese Menschen war es in ihrer Funktion kein leichtes Spiel, uns zu unterstützen, und sie verdienen unsere ganze Achtung. Es gibt in der Gesellschaft Weggefährten, und sie werden immer mehr.

Mehr: www.siebenlinden.de

In der Solution Library – solution.ecovillage.org:
Strawbale Building
Wild Salad Business
Compost Toilet

Das ZEGG ist Gemeinschaft und Treffpunkt für Lebensfreude und gesellschaftlichen Wandel.

Selbstorganisation als Wandlungskraft

ZEGG, Deutschland

80 km südwestlich von Berlin liegt das ZEGG – Zentrum für experimentelle Gesellschaftsgestaltung. Das Bildungszentrum und ökologische Modellprojekt wird seit 1991 von einer Gemeinschaft mit rund 100 Menschen betrieben. Bis vor der Wende war das Gelände eine Agentenschule der Stasi. Achim Ecker, Ina Meyer-Stoll und Dolores Richtier sind seit Anfang an dabei. Der folgende Text ist ein Zusammenschnitt aus einem Gespräch mit den dreien.

Dolores Richter

»Als Jugendliche hatte ich mit den Widersprüchen der Gesellschaft zu kämpfen. Meine Sehnsucht war es, Freundschaft, Liebe und politische Arbeit zu verbinden und zu erforschen, wie das Leben funktioniert: Was macht Sinn? Was ist wirklich los auf der Welt? Als ich 1980 in die Bauhütte – das Vorläuferprojekt des ZEGG – kam, erfuhr ich die Möglichkeit eines umfassenden Mensch-Seins. Wir haben uns selbst, Lebensprozesse in der Natur, Kontakt, Eros und menschliche Wahrheit miteinander erforscht. Gleichzeitig haben wir uns mit Geschichte und Friedensforschung befasst und uns selbst darin widergespiegelt. In diesen Jahren entstand die gelebte Vision eines ganzheitlichen Lebens, die ich bis heute in mir trage und weiter umsetze.«

Wir kamen aus einer Gemeinschaft, in der wir schon mehrere Jahre zusammen gelebt und experimentiert hatten. Jetzt wollten wir ein größeres Modellprojekt schaffen – für eine Gesellschaft, in der die Menschen authentisch und gewaltfrei zusammenleben, untereinander und mit allen Lebewesen. Wir nannten es ZEGG, Zentrum für experimentelle Gesellschaftsgestaltung. 1990 begannen wir, den Platz dafür zu suchen. Es sollte ein Gelände sein, das schon Gebäude hatte, so dass wir direkt mit dem Seminarbetrieb anfangen konnten. Wir fanden nur ein einziges, das alle Kriterien erfüllte: Es hatte einen Garten, Werkstätten und sogar eine eigene Trinkwasserversorgung. Es war karg und wenig einladend, und wir erfuhren, dass es bis kurz vor der Wende eine Schule für Auslandsagenten der Stasi gewesen war.

Dennoch zogen knapp 80 Menschen fast gleichzeitig ein, von denen nur die Hälfte längere Gemeinschaftserfahrung hatte. Einige der Gebäude waren damals noch vermietet, und wir hatten viel zu wenig Wohnraum. Es waren regelrechte Pionierjahre. Alle beteiligten sich am Auf- und Umbau. Morgens traf man sich und verteilte die Arbeiten. Wir schliefen oft draußen, erzählten uns unsere Träume und erprobten das einfache, freie Leben. Das ZEGG war eine große Baustelle, die uns ein unglaubliches Feld zur Lebensforschung bot. Wir betrieben Technologie, Ökologie und Liebesforschung. Die »ZEGG-Universität« lud Referenten aus aller Welt ein. Das alte Braunkohlekraftwerk rüsteten wir zur Holzhackschnitzelheizung um, die bald zum ökologischen Modell in der Region wurde. Wir bauten eine Pflanzenkläranlage, damals ebenfalls eine Novität.

Achim Ecker

»Mein erster Eindruck vom ZEGG-Gelände war: Oh je! Grau! Sandboden! Kein Humus, keine Regenwürmer, keine Leguminosen. Überall roch es nach Braunkohle, und wenn man barfuß herumlief, bekam man schwarze Füße. Ökologisch gesehen war es eine Wüste. Ich begann zunächst, ein paar Bäume zu pflanzen, und habe so nach und nach eine Beziehung zum Gelände aufgebaut, seine Natur täglich beobachtet und Stück für Stück kennengelernt. Ich setzte mich dafür ein, dass wir das Laub liegen ließen, um den Boden aufzubauen, und habe lange Lupinen und Klee gesät. Dann bekamen wir die Möglichkeit, das Laub der Stadt Belzig zu bekommen, das sonst entsorgt worden wäre. Durch das Laub und hinzugefügten Lehm baute sich nach und nach eine Humusschicht auf. Es gibt heute viele Kleearten, Pilze, Mischwald mit Unterwuchs, wilde Mirabellen und Pfirsiche. Gelände und Garten versorgen uns und unsere Gäste heute zu 50% mit Obst und Gemüse. Auch bei den Wildtieren und Vögeln hat sich die Fülle herumgesprochen. Heute leite ich zusammen mit Martin Stengel aus dem Ökodorf Sieben Linden Permakultur-Ausbildungen im ZEGG.«

Krisen und Konsolidierung

Intern gab es viel Ausprobieren, wie ein so großes Projekt geleitet wird und Entscheidungen getroffen werden können. Die Gründer und Leiter der Bauhütte, Dieter Duhm und Sabine Lichtenfels, hatten zu Beginn des ZEGG entschieden, dass sie nicht dabei sein würden. Das war eine große Herausforderung, die uns zwang, uns auf uns selber zu besinnen. Wir bildeten immer wieder neue Trägerkreise, erfanden Institutionen wie »Regierungen« oder »Götterhimmel«, die wir bald wieder verwarfen. Versuch und Irrtum leiteten uns über Jahre. Wir waren herausgefordert, eine Gemeinschaft, die Führung gewohnt war, in eine sinnvolle Form von Selbstorganisation zu überführen. Als dann 1995 Dieter Duhm und Sabine Lichtenfels das Projekt Tamera in Portugal gründeten, entschied sich fast die Hälfte der ZEGG-Bewohner, ihnen zu folgen. Das hinterließ Abschiedskummer und Ratlosigkeit, wie es weitergehen sollte. Wir mussten die Verantwortung für den Platz noch einmal mehr zu uns nehmen und begannen Prozesse intensiver Basisdemokratie. Wo wir früher jeden Tag Forum und Lebensforschung betrieben hatten, ging es jetzt um ganz praktische Dinge: Welche

Teller kaufen wir für das Restaurant oder welche Farbe bekommt welches Haus. Jeder hatte eine Meinung, und wir verbrachten Stunden und Tage in Entscheidungsprozessen. Es war eine anstrengende, aber notwendige Zeit. Wir lernten, diesen großen Platz und Betrieb gemeinsam zu führen und lebendig zu halten.

Nach zehn Jahren ZEGG gab es eine tiefe Konsolidierung. Wir spürten, wir hatten eine Talsohle durchschritten. Es war ein Wunder, dass es uns noch gab. Viele neue Menschen übernahmen große Verantwortung, und es hatte sich entschieden: Wir richten uns langfristig aus.

Prinzip Selbstorganisation

Dass wir diesen Übergang gemeistert haben, trägt uns bis heute. Unser Gemeinschaftswissen ist durch unsere große praktische Erfahrung tragfähig geworden. Die funktionierende Balance aus Gemeinschaftlichkeit und Individualität ist ein großer Schatz des ZEGG. Wir können heute viel dem Prinzip der Selbstorganisation überlassen. Darin liegt eine Kraft, die bewusst lebende Menschen anzieht. Wir sind keine Gemeinschaft mehr, die ständig alles bereden muss. Wir nutzen inzwischen verschiedenste Entscheidungsstrukturen, die die Vorteile von Leitung und Basisdemokratie verbinden. Die Verantwortung hat sich auf viele Schultern verteilt. Wir lassen uns gegenseitig sein, wie wir sind, fordern uns aber auch heraus – wie es gerade ansteht.

Auch in der Region gibt es dieses Prinzip der Selbstorganisation. Es ist eine vielfältige, künstlerisch inspirierte Kultur im ganzen Landkreis entstanden, die zu einem großen Teil durch das ZEGG angezogen wurde. Wir leben mit einer Gemeinschaft in einer vernetzten Region, die mehr und mehr gegenseitiges Unterstützungspotential entwickelt, auch ganz praktisch. Das ist ein großer Reichtum.

Liebe als soziales Kunstwerk

Ina Meyer-Stoll: »1983 verliebte ich mich in den besten Freund meines damaligen Freundes. Es war schwer, da ich keinen von den beiden verlassen wollte. Dann erzählte mir jemand von einer Gruppe, die anscheinend wusste, wie man mit Eifersucht umgeht. Ich fuhr zur Bauhütte in den Schwarzwald und fand eine Gemeinschaft, die mich faszinierte, besonders ihre Radikalität und Intensität, gerade in

Sommerfestival im ZEGG

Bezug auf Liebe und Sexualität. Im normalen Leben waren alle Bereiche fragmentiert – Friedensarbeit, Engagement, Beruf, Liebe –, aber hier kamen sie zusammen.«

In unseren Anfängen hatten wir einen sehr starken Forschungsraum für die Sexualität. Wir wollten herausfinden, wie wir sie frei leben können, ohne dass Eifersucht und Konkurrenz entstehen. Dafür verließen wir bekannte Beziehungsformen, unser Bezugsraum war in erster Linie die Gruppe. Als wir ins ZEGG kamen, veränderte sich viel: Die Intimität und die präzise Verständigung, die wir in der Bauhüttenzeit gehabt hatten, gingen allmählich verloren. Umgekehrt stellten wir fest, dass wir Bedürfnisse wie Schutz und Geborgenheit an manchen Stellen vernachlässigt hatten. Im Laufe der Jahre wurden wir uns der vielen Schichten bewusst, die beachtet werden wollen, wenn wir im Bereich von Liebe und Sexualität verantwortungsvoll agieren wollen.

Heute sind wir feiner und behutsamer geworden. In der Gemeinschaft gibt es viele Formen von Beziehungen: Freundschaften und Liebschaften, offene und monogame Partnerschaften, Familien und experimentelle Beziehungsgeflechte. Die Einzelnen wählen die Beziehungs- und Liebesform, die zu ihnen und ihrer Lebensphase passt. Wir stehen dafür, dass wir uns gegenseitig respektieren und offen kommunizieren. Auch hier geschieht vieles in Selbstorganisation: Menschen finden sich in Gruppen zusammen, um sich auszutauschen und gegenseitig in der Liebe zu unterstützen.

Soziale Kompetenz

Das »ZEGG-Forum« ist eine Form der Gruppenkommunikation, die es ermöglicht, die Themen von Einzelnen in einem größeren Zusammenhang zu sehen und zu erspüren. Im »Forum« nehmen alle Beteiligten eine wahrnehmende Haltung ein und üben sich in tiefem Zuhören. Ein Mensch agiert in der Mitte der Gruppe. Er oder sie bringt ein Thema ein und stellt es dar – durch Sprache, Körper, mit Gefühlen und Gedanken. Durch die Aufmerksamkeit der Gruppe ist es möglich, mit Fokus und Präzision zu arbeiten und neue Sichtweisen oder Handlungsmöglichkeiten auszuprobieren. Dies wird durch eine Leitung unterstützt. Die Gruppe unterstützt die Person in der Mitte nach deren Darstellung mit einem Feedback zu dem, was sie wahrgenommen hat. Dadurch entstehen Transparenz und Vertrauen in der Gruppe, und es bilden sich über die Zeit gemeinsame lebendige Werte. Das ZEGG unterstützt seit vielen Jahren andere Gemeinschaften mit dem Instrument »Forum«.

ZEGG Bildungszentrum gGmbH

Heute sind wir ein gemeinnütziges Bildungszentrum mit mehr als 5000 Gästen im Jahr. Wir vermitteln Wissen über Gemeinschaftsaufbau, Kommunikation, Liebe, soziale Kompetenz, Ökologie und Kunst. Die Idee, den Geschmack einer zukunftsfähigen Lebensweise zu vermitteln, ist lebendiger denn je. Wir vermitteln Erfahrungen aus dem Experiment ZEGG und geben das Wissen weiter, das uns nützlich ist und inspiriert. Seit 2015 sind wir ein gemeinnütziges Bildungszentrum, unsere Arbeit ist damit auch von staatlicher Seite anerkannt. Es fühlt sich so an, als ob wir die richtige Form gefunden haben für eine der ursprünglichen Absichten des ZEGG.

Mehr: www.zegg-forum.org und www.zegg.de

In der Solution Library – solution.ecovillage.org:
ZEGG Forum
Terra Preta

Im Schloss Tempelhof entsteht eine Gemeinschaft, die bewusst mit den Nachbarn kooperiert.

Gesunde Wirtschaft als Boden für eine gesunde Kultur

Schloss Tempelhof, Deutschland

Das Dorfprojekt Schloss Tempelhof in Baden-Württemberg mit derzeit 140 Mitgliedern, gegründet Ende 2010, hat in der kurzen Zeit seines Bestehens sehr viel aufgebaut. Vor allem im Bereich Ökonomie sind ihnen klare, transparente Strukturen für eine erfolgreiche und solidarische Gemeinschaft gelungen. Roman Huber und Agnes Schuster gehören zur Gründergruppe.

Roman Huber

»Nach 20 Jahren mit dem Thema *Mehr Demokratie* wollte ich am eigenen Leib erfahren, wie demokratisches Zusammenleben funktioniert. Wie vereinbaren wir die Spielregeln? Ich wollte alle gesellschaftlichen Bereiche verstehen, die dazugehören. Das war mein Impuls, eine Gemeinschaft zu gründen.«

Agnes Schuster

»Ich habe immer in Gemeinschaft gelebt. Zusammen zu leben und sich gegenseitig zu helfen, ist für mich Lebensqualität. So hatte ich als Mutter abends oft frei, während andere Eltern immer einen Babysitter suchen mussten. Ich studierte Sozialpädagogik, um zu verstehen, wie wir die gesellschaftliche Isolation auflösen können. Meine Antwort war: indem wir das, was wir heute den Experten überlassen, ob Anwälten, Pflegern oder Ärzten, wieder in unser Leben zurückholen. Das geht nur in einer großen Gemeinschaft, und diese Größe hat zu der Entscheidung für Schloss Tempelhof geführt.«

Die Geburtsstunde des Projektes war 2007 in einem Garten bei München. Bei einem unserer Treffen kam auf einmal eine große Zielstrebigkeit und Entschlossenheit auf. Plötzlich war uns allen klar: Jetzt kommen wir vom bloßen Nachdenken über Alternativen zum tatsächlichen Tun. Jetzt gründen wir ein Dorf.

Viele von uns hatten schon vorher in Gemeinschaft gelebt. Es war die angestrebte Größe, die für uns neu war; sie war nötig, damit alle Aspekte eines ganzheitlichen sozialökonomischen Experimentes vertreten wären. Wir wollten kein abgeschiedenes Paradies, sondern ein Projekt, das auf gesellschaftliche Fragen Bezug nimmt. Wir besuchten andere Gemeinschaften und formten Arbeitsgruppen, die unser Dorf planten.

Eine Vorgabe war die Offenheit. Wir wollten geistige Impulse und Spiritualität, aber keine ausgerichtete Weltsicht. Vielfalt, aber keine Beliebigkeit. Das All-Leader-Prinzip. Deshalb entschieden wir uns bei der inneren Gemeinschaftsbildung für den Wir-Prozess von Scott Peck.

Geländesuche

Ein Dorf in der Nähe von München zu realisieren, war finanziell nicht möglich. Einer von uns kam nach drei Jahren Geländesuche auf die Schnapsidee, den Suchbegriff »Dorf kaufen« ins Internet einzugeben. Als Ergebnis kam »Schloss Tempelhof« im Landkreis Schwäbisch Hall – eine Gegend, in die wir nie wollten.

Alles lag unter Schnee, als wir das erste Mal hinfuhren. Das ganze Anwesen wirkte kahl und abweisend. Das Grundstück war ehemals von der evangelischen Kirche als Beschützende Werkstätten für behinderte Kinder genutzt worden. Fünf Jahre hatte der Vorbesitzer versucht, es zu verkaufen. Der Bürgermeister konnte anfangs nicht verstehen, warum wir aus München hierher wollten. Nach intensiven Gesprächen begriff er, dass wir auf der Suche nach neuen gesellschaftlichen Wirklichkeiten sind. Er hat das Projekt seitdem kompromisslos unterstützt. Einen eingesessenen Bürgermeister auf unserer Seite zu haben, der Dorf und Menschen kennt, war viel wert. Heute zeigt er Schloss Tempelhof manchmal Bürgermeistern aus Nachbargemeinden und sagt: »So etwas braucht ihr bei euch auch.« Oder zu uns: »Jetzt wird es aber Zeit, dass ihr ein neues Geldsystem aufbaut.« Daran sehen wir: Die Gesellschaft ist viel bereiter zur Transformation, als wir gedacht hatten.

Vor dem Kauf luden wir alle Bürger zu einer Versammlung ein und präsentierten unser Vorhaben. Wir schönten nichts, sondern sagten ganz klar, was wir vorhatten – inklusive einer lebendigen Baukultur mit Erd- und Baumhäusern und Bauwagen. Die Nachbarn sollten von vorneherein Bescheid wissen. Wir sagten ihnen: Entweder machen wir das Projekt mit euch, oder wir lassen es sein. Und so konnten alle Fragen gleich offen auf den Tisch kommen: Seid ihr eine Sekte? Seid ihr politisch? Das war eine wichtige vertrauensbildende Maßnahme. Heute sagt der Gemeinderat: »Tempelhof ist ein Glücksfall für die Gemeinde.«

Finanzierung

Ende 2010 kauften wir Schloss Tempelhof, vier Hektar Bauland und 27 Hektar Acker- und Grünland. Die gesamte Kaufsumme kam ohne Bankkredite durch eigenes Geld, zinsfreie Darlehen und Schenkungen von Unterstützern zusammen. Bei der ersten Großveranstaltung platzte unsere Turnhalle mit 250 Menschen aus allen Nähten. Jetzt bewährte sich unsere lange Vorbereitungszeit: Das klare Finanzierungs- und Entscheidungskonzept

Freie Schule im Schloss Tempelhof

überzeugte viele. Die Hälfte investierte Geld, weil sie einziehen wollten, ein Viertel, weil sie das vielleicht später einmal vorhatten, und ein weiteres Viertel wollte einfach die Idee unterstützen.

Der transparente Umgang mit der Ökonomie ist bis heute unser Markenzeichen. Wer einsteigt, wird Genossenschafter und zahlt 30.000 Euro; junge Familien weniger. Das ist eine sinnvolle Schwelle. Wer diese Summe zahlt, geht eine Verbindlichkeit ein. Nomadentum und Beliebigkeit werden reduziert. Alle erwachsenen Mitglieder bezahlen je nach Wohnraum eine Nutzungsgebühr für die Infrastruktur und Instandhaltung. Die Kinder werden von der Gemeinschaft getragen, sie zahlen nichts für ihr Essen und ihre Zimmer, nur für unsere Schule.

Ökonomie

In der heutigen Gesellschaft dominiert Wirtschaft alles andere. Die Konsequenz daraus heißt nicht, sie abzuschaffen, sondern ihr den richtigen Platz zuzuweisen. Ehrliche wirtschaftliche Strukturen sollen den Unterbau bilden und Freiraum schaffen für Kultur, Soziales und Spirituelles. Ein gesundes Dorf muss Produkte und Dienstleistungen anbieten können.

Schloss Tempelhof ist sowohl ein ökonomischer als auch ein sozialer, gemeinschaftlicher Organismus: Die Unternehmensgründungen sind das

Gästehaus, die Werkstätten, die Landwirtschaft, die Schule, das Seminarhaus, das Bau-Unternehmen, das Car-Sharing, der IT-Bereich und die funktionale Infrastruktur. Die Gemeinschaft ist Arbeitgeber für 40 Bewohner. Die anderen verdienen ihr Geld außerhalb oder durch eigene Unternehmen. Jeder arbeitet zusätzlich fünf Stunden pro Woche ehrenamtlich für die Gemeinschaft, von Putzen und Kochen bis zur Landwirtschaft.

Wir verpflichten uns, transparent zu machen, wie viel Geld wir haben, verdienen und brauchen. Wenn wir das voneinander wissen, können wir uns gegenseitig unterstützen. Wir sind keine Vermögensgemeinschaft, aber wir ermutigen uns, Geld ins Fließen zu bringen; denn was soll mein Geld auf der Bank, wenn hier eine junge Familie Hilfe braucht? So entwickelte sich eine Schenkökonomie: Wir sorgten durch Geschenke untereinander dafür, dass Menschen schuldenfrei wurden, Ausbildungen machen oder einsteigen konnten. Wir wollen daraus keine persönlichen Schuld- oder Schenkverhältnisse schaffen, sondern es gemeinsam regeln.

Berufe und Unternehmen

Nach vielen Jahren im Beruf möchten viele Menschen etwas anderes machen, wenn sie in eine Gemeinschaft einsteigen. So kommt es vor, dass Anwälte in die Küche gehen und Architekten eine Ziegenhaltung aufbauen. Nach ein paar Jahren stellen sie oft fest, dass sie doch am liebsten ihren eigentlichen Beruf ausüben, nur in einem anderen Zusammenhang. In der Gemeinschaft ist jeder mit seinen Basis-Kompetenzen gefragt. So war es ein Glück, dass wir unter uns einen Bauunternehmer hatten, der die gleiche Sprache sprach wie die Behörden, oder Architekten oder einen Landwirt, der trotz schwieriger Boden- und Klimaverhältnisse eine Selbstversorgung aufbauen kann.

Schule

Die Gründergruppe bestand aus Menschen zwischen 45 und 60 Jahren. Natürlich wollten wir, dass alle Generationen vertreten sind. Deshalb haben wir 2011 im Sommer bewusst junge Familien eingeladen, um zu hören, was sie brauchen. Es wurde klar, dass wir ihnen besondere Angebote machen müssen, z. B. eine alternative Schulbildung. So wurde die Schulgründung ein Jahr lang das Hauptprojekt der ganzen Gemeinschaft. Wir machten uns kundig in alternativer Pädagogik, organisierten Veranstaltungen für Geldgeber, besuchten das Ministerium, schrieben ein Konzept. Nach einer zweijährigen Vorbereitungszeit wurde uns die Genehmigung für eine private Grund- und Werkrealschule erteilt. Zum Schuljahr 2013/2014 eröffneten wir die Schule für freie Entfaltung am Tempelhof, getragen vom Verein Schloss Tempelhof. Heute gibt es 37 Schüler, einschließlich der Schuleinsteiger ab 4 Jahren.

Inzwischen hat sich die Altersstruktur der Gemeinschaft stark verjüngt. Junge Familien sind dazugekommen, und meistens sind die Kinder die ersten aus einer Familie, die sich hier heimisch fühlen.

Solidargemeinschaft aufbauen

Wir wollten von Anfang an ein Zusammenleben aller Generationen, wo Geburt, Lernen, Krankheit, Behinderung und Tod nicht ausgegrenzt werden. Es ist sozialer Reichtum, mit Pubertierenden, Schwangeren, Vergesslichen und Alten zusammenzuleben.

Gemeinschaftlich zu leben, ist eine fast archaische Sehnsucht. Aber viele Menschen wissen nicht, dass sie gemeinschaftsfähig sind. Es braucht Handwerkszeug, damit sich die Leute wieder trauen, sich zu begegnen. Unsere Gemeinschaftskultur in Tempelhof beruht nicht auf Vorsicht und Höflichkeit, sondern direkter Aussprache dessen, was einem gefällt und was nicht, sonst entsteht keine Solidarität.

Umgang mit Existenzangst, Krankheit und Alter sind zentrale Themen auch in Gemeinschaften. Aus der Erfahrung mit *Artabana*, der »Gesundheitskasse«, in der Menschen in kleinen Gruppen ihre Gesundheitsversorgung selbst organisieren, können wir viel auf andere Bereiche übertragen. Zum Beispiel die Altersversorgung: Wenn ich Zins und Zinseszins ablehne, muss ich letztlich auch ein darauf basierendes privates Rentenvorsorgesystem ablehnen. Die Lösung besteht in einer solidarischen Gemeinschaft. Die Frage ist, welche Fäden neu zusammengeflochten werden müssen, damit sie Bestand hat. Auf dem Weg von der Angstkultur in die Vertrauenskultur merken wir aber auch, wie konditioniert wir noch sind. Wir müssen immer wieder neu verlernen, was wir von klein auf gelernt haben: alles immer allein schaffen zu wollen. Von selbst geschieht immer nur Vereinzelung. Deshalb ist Stillstand in der Gemeinschaft immer Rückschritt.

Mehr: www.schloss-tempelhof.org

In der Solution Library – solution.ecovillage.org:
Health Fund | Car Pooling | Cooperative

Damanhur mit einem Teil seiner rund 1000 Bewohner

Balance von Individualität und Gemeinschaft

Damanhur, Italien

Damanhur ist eine Föderation von 26 Gemeinschaften im Piemont – mit eigener Währung, eigener Verfassung und einer ausgeprägten kulturellen Identität. Humor, künstlerische Gestaltungsfreude, klare Organisationsstrukturen und viel Arbeit zeichnen die Gemeinschaft von Damanhur aus.

Macaco Tamerice*

»Vor 22 Jahren war ich Jazzsängerin auf Tournee in Japan und hatte großen Erfolg. Als die Karriere so greifbar war, wusste ich auf einmal, dass ich diese Scheinwelt nicht mehr wollte. Ich beschloss, nach Damanhur zu gehen. Ich hatte immer gedacht, dass es für mich als starke Individualistin unmöglich wäre, in Gemeinschaft zu leben. Doch ich merkte, dass ich in Gemeinschaft glücklicher war als allein oder in einer kleinen Familie.«

Formica Coriandolo*

»Vor 31 Jahren lebte ich mit Freunden in der Altstadt von Florenz, hatte ein Motorrad, eine gute Arbeit – aber vermisste etwas. Ich las Castaneda, erlebte einen Paradigmenwechsel im Denken und wollte nach Mexiko. Vorher sah ich ein Fernseh-Interview mit einem charismatischen Mann – recht jung und normal für einen Spirituellen. Es war Falco. Ich fuhr nach Damanhur und beschloss, meine Mexiko-Reise aufzuschieben. Sechs Monate später war ich Bürgerin von Damanhur.«

Oberto Airaudi – oder *Falco Tarassaco** – aus Balangero in der Nähe von Turin machte früh Erfahrungen mit dem Paranormalen. Gemeinsam mit anderen gab er Konferenzen zu dem Thema. Sie beschlossen, ihrer Erfahrung Dauer zu geben. Eine Gruppe von zwölf Menschen gab Arbeit und Wohnungen auf und suchte zwei Jahre lang nach dem richtigen Platz. Sie fanden schließlich, nur 40 km von Turin entfernt, einen Knotenpunkt vier synchronischer Linien. Dort entstand Damanhur.

Der Grundbesitzer empfing sie mit den Worten: »Wo bleibt ihr denn? Ich habe so lange auf euch gewartet.« Er hatte vor vielen Jahren geträumt, dass junge Menschen, die die Welt verändern würden, sein Land kaufen würden. So begann Damanhur.

Verwaltung

Damanhur besteht heute aus etwa 1000 Erwachsenen und Kindern. 400 davon leben auswärts, 600 in 26 Gemeinschaften mit je 15-25 Menschen, die wir *Nucleos* nennen. Fast alle unsere *Nucleos* haben Gärten, in allen leben Kinder, Erwachsene, alte Menschen zusammen. Alle werden mit alternativen Energiequellen versorgt. Darüber hinaus forscht jeder *Nucleo*

* Die Vornamen der BürgerInnen von Damanhur entsprechen einem Tiernamen, die Nachnamen einer Pflanze.

Der unterirdische Tempel der Menschheit mit einem seiner unzähligen Säle

in seinem speziellen Bereich und stellt die Erfahrungen allen anderen zur Verfügung. Unser *Nucleo* »Dendera« hat die Funktion der Öffentlichkeitsarbeit. Der Nachbar-*Nucleo* experimentiert mit nachhaltigen Technologien. Es gibt einen *Nucleo* für die landwirtschaftliche Selbstversorgung, einen für die Tempel, einen weiteren für Gastfreundschaft und mehr.

Die *Nucleos* bilden das menschliche Netz Damanhurs. Hier kennt man sich, man isst zusammen, man lebt zusammen, und hier spielen sich auch die meisten Konflikte ab. Es klingt paradox, aber Konflikte entstehen weniger bei großen Themen als beim Waschen oder Spülen. Wir fürchten keine Konflikte. Wir haben das Prinzip des *Quasi-Realen* – der Fast-Realität: Sie ist für jeden je nach Erfahrung und Herkunft etwas anders. Wie könnte da jemand mehr recht haben als ein anderer? Also versuchen wir nie herauszufinden, wer recht hat, sondern suchen nach Lösungen, die für beide gut sind.

Für das Management von Damanhur wählen wir alle sechs Monate zwei Verantwortliche. Wir nennen sie *König und Königin*. Das hat nichts mit Monarchie zu tun, wir erfanden die Namen aus künstlerischer Freude

heraus. Seit Falcos Tod haben wir außerdem zwei Weisenräte, die die Kontinuität der Vision im Auge behalten.

Vier Säulen

Damanhur ruht auf vier Säulen, die das Leben regeln und inspirieren. Jede von ihnen hat verschiedene Lösungen und Strategien, sie dienen aber demselben Ziel. Jede von ihnen wird gleich respektiert.

Die *Meditationsschule* hat das klare Ziel einer spirituellen Evolution. Seine Mitglieder treffen sich jeden Montag.

Zum *Sozialen Leben* gehört die ganze Organisation unseres Zusammenlebens, der Alltag, den wir alle teilen.

Das *Spiel des Lebens* repräsentiert die Kraft der Veränderung. Veränderung ist Teil unserer Lebensphilosophie. Wer die Veränderung fürchtet, ist nicht wirklich lebendig. Wer wartet, bis etwas nicht mehr funktioniert, verliert zu viel Energie, um es noch sinnvoll zu ändern. Deshalb ändern wir die Dinge schon, bevor sie zum Problem werden. Jeder kann durch das *Spiel des Lebens* Lösungen und Veränderungen vorschlagen. Es beschließt immer ungewöhnliche Maßnahmen, kann Menschen oder ganze Gruppen zusammenbringen und Gewohnheiten in Frage stellen. Es kann große Aktionen starten wie etwa vor einigen Jahren den »Krieg der Künste« – damals haben wir viele Gemeinschafts-Kunstwerke erstellt, die die Gemeinschaft immer noch inspirieren.

Tecnarcato – ein Kunstwort – ist ein System für die Arbeit an unserer persönlichen Entwicklung. Dazu gehört eine ganze Reihe von Methoden. Man sucht sich eine Person des Vertrauens, die mit einem arbeitet, und erstellt mit ihr ein Programm mit Aufgaben, die einem helfen, die eigenen Gewohnheiten und Programmierungen zu verändern. Diese Person trifft man einmal im Monat. Fast jeder in Damanhur macht bei *Tecnarcato* mit, es ist ein Weg, sich zu der Person zu entwickeln, die man werden möchte.

Kunst und Spiritualität

In Damanhur glauben wir, dass jedes Wesen göttlichen Ursprungs ist und einen göttlichen Funken in sich trägt. Diesen zu erwecken, ist unser Ziel. Leben in Gemeinschaft kann die spirituelle Evolution beschleunigen, denn in der Gemeinsamkeit erfahren wir mehr Vollständigkeit und Einheit, die uns der göttlichen Quelle näherbringen.

Kunst ist ein Werkzeug, mit dem wir unserem göttlichen Potential einen kreativen Ausdruck verleihen können. Kunst ist auch eine Sprache, die Informationen und Emotionen durch andere Kanäle überträgt als Worte. Gemeinschaftskunst spielt eine große Rolle in Damanhur, sie schafft Verbundenheit und Vielfalt. Wie in indigenen Kulturen ist Kunst für uns Ausdruck unserer gemeinsamen Identität. An vielen Orten Damanhurs gibt es Mosaike, bemalte Häuser, Metall-Glas-Fenster, Skulpturen – es sind immer Produkte von Individuum und Gemeinschaft.

Tempel der Menschheit

Wie viele andere Gruppen verspürten die Gründer von Damanhur das Bedürfnis, einen heiligen Ort zu haben, der außerhalb des täglichen Lebens liegt. Die Idee der unterirdischen Tempel hatte Falco schon als Kind. Und so begannen sie eines Nachts, mit Hacke und Schaufel zu graben. 16 Jahre lang wurde im Geheimen gebaut, mit viel Begeisterung. Selbst viele Damanhurianer wussten nichts davon. Erst wenn man ihnen wirklich vertraute, wurden sie mit geschlossenen Augen in die entstehenden Tempel geführt. Die Tempel sind der Menschheit gewidmet, und nach der Fertigstellung sollten sie der Menschheit auch gezeigt werden. Doch es kam anders.

Ein ehemaliges Mitglied von Damanhur erpresste uns, er wollte Geld. Wir weigerten uns, zu zahlen, und er zeigte uns an. Eines Tages kam die Polizei mit 40 Mann und drohte: »Sagt uns, wo die Tempel sind, sonst sprengen wir den ganzen Felsen in die Luft.«

Die Behörden hatten vor, ihn mit Sand zuzuschütten, da sie Drogen, Waffen oder Schlimmeres erwartet hatten. Doch nachdem wir den Magistrat durch die Tempel voller Kunst und spiritueller Symbole geführt hatten, hatte er Tränen in den Augen. Er nahm den Tempel unter seine persönliche Obhut. Wir gingen an die Öffentlichkeit, sammelten 100.000 Unterschriften und arbeiteten an einem Gesetzesvorschlag zur Legalisierung unterirdischer Bauten mit. Ein Jahr später wurden die Tempel von der Institution des Staates *Belle Arti* in Rom zum Kunstwerk noch lebender Künstler erklärt und so geschützt. Unsere Freude war unbeschreiblich.Doch für Falco war das nichts Neues: Jedes Ereignis, und sei es noch so katastrophal, kann man zum Besten wenden. Die Tempel der Menschheit sind ein Beispiel dafür, dass nichts unmöglich ist. Wenn du einen Traum hast, kannst du ihn auch erreichen. Und in Damanhur kannst du dabei auf die Solidarität und Unterstützung der anderen zählen.

Stärken und Schwächen

Die Komplexität von Damanhur ist seine Stärke, aber manchmal auch seine Schwäche. Unsere Philosophie besteht im Tun. Wir wollen den Geist in die Materie bringen. Je mehr Dinge wir verwandeln, um so besser. Wir haben also viel zu tun. Dazu kommt die Notwendigkeit des Geldverdienens: Viele Bürger arbeiten in Damanhur-Firmen, die anderen außerhalb. Dann noch die Mitarbeit in Gruppen, die Schichten im *Nucleo*, die Arbeit am Territorium – all das führt dazu, dass Zeit in Damanhur Mangelware ist. Wir haben noch nicht herausgefunden, wie wir das alles schaffen und gleichzeitig unsere Intensität bewahren.

Falcos Tod

Damanhur wurde von einem Mann mit einer starken Vision gegründet. Solche Gemeinschaften enden oft nach dem Tod des Visionärs. In Damanhur war das nicht so. Im Winter 2012 erfuhr Falco von seiner Krebserkrankung. Er entschied sich gegen eine Chemotherapie und nutzte jeden Moment seiner verbleibenden drei Monate, um seinen Übergang vorzubereiten. Im Gespräch mit Damanhurianern brachte er alle Dinge in Ordnung, so dass es ohne ihn weitergehen konnte. In diesen Monaten war er gegenwärtiger als jemals zuvor, er lehrte und sprach öffentlich bis fast zum letzten Tag.

Als er starb, ging ein Ruck durch die Gemeinschaft. Allen wurde klar, wie viel Verantwortung wir jetzt übernehmen mussten, um Damanhur weiterzuführen. Bis heute lesen wir Botschaften, die er kurz vor seinem Tod noch an uns geschrieben hat, um uns zu motivieren und uns an seine Liebe zu erinnern. Seither hat Damanhur sich vollständig neu organisiert. Jeder von uns gibt sein Bestes, um den gemeinsamen Traum zu verwirklichen.

Mehr: www.damanhur.it

In der Solution Library – solution.ecovillage.org:
Game of Life | Feedback and personal growth | Community Currency

Lakabe, ein verlassenes Dorf wurde wieder lebendig.

Aktivismus und Gemeinschaft

Lakabe, Spanien

Die Gemeinschaft von Lakabe begann vor 35 Jahren als eine Gruppe von sozialen Aktivisten, die nach der langen spanischen Diktatur ihre Vision von einem Leben ohne Gewalt in einem verlassenen Dorf der Navarra umsetzen wollte. Inzwischen hat Lakabe viele Lösungen für soziale und ökologische Nachhaltigkeit entwickelt. Mauge Cañada lebte dort in verschiedenen Phasen ihres Lebens.

Ein Leben ohne Gemeinschaft war für mich nie vorstellbar. Im Jahre 1979 – ich war 19 – teilte ich ein Haus mit Freunden in Bilbao. Ich war damals Aktivistin gegen den Militärdienst und Teil der ersten pazifistischen Gruppe Spaniens. Mit Erfolg: Das Gesetz wurde geändert, und junge Männer in ganz Spanien wurden nicht länger zum Militärdienst gezwungen. Mit diesem Rückenwind beschlossen wir, weiterzugehen und ein ganzes Leben ohne Gewalt aufzubauen. Das war die tiefe Motivation unserer Gruppe. Wir zogen aufs Land und mieteten ein Haus.

Eines Tages auf der Suche nach verirrten Ziegen fanden wir im Wald ein verlassenes Dorf, in das wir uns sofort verliebten: Lakabe. Keine Straße führte dorthin. In Treffen mit Aktivistengruppen aus ganz Spanien – Andalusien, Katalonien, Madrid – entschieden wir, dieses Dorf zu besetzen. Wir luden jeden ein, der ein experimentelles Leben der Gewaltfreiheit leben wollte, am 21.3.1980 zu uns zu stoßen. Viele kamen, und so begann die Gemeinschaft Lakabe. In jenem Jahr gebar ich zwei Töchter, so dass ich erst ein Jahr später hinzukam.

In den ersten zwei Jahren gab es ein großes Kommen und Gehen. Geld hatte niemand, so bauten wir mit dem, was wir hatten. Wir schleppten stundenlang Zement durch den Wald. Es war schwer, aber wir hatten viel Hilfe von den zahlreichen Leuten, die kamen. Als wir dann Pferde und Esel hatten, wurde der Transport von Material und Menschen leichter. Es war ein kreatives Leben mit Theater und Musik, und wenn man heute die Fotos von damals betrachtet, könnte man denken, es gab nur Partys. Das Gefühl der Freiheit war überwältigend. Es war wie: »Wow! Alles, was wir erträumt haben, ist möglich.« Wir waren jung, und wir hatten die Diktatur und ihre düstere Atmosphäre nur ein paar Jahre hinter uns. Es war die Erfahrung radikaler Machtaneignung.

Schwierigkeiten

Auch wenn Träume wahr werden, ist nicht alles leicht. Manchmal gab es Rosen und zu anderen Zeiten Dornen. Vor allem die sozialen Prozesse der wachsenden Gemeinschaft zu managen, erwies sich als schwer. Wir hatten viele idealistische Ideen, aber die Realität von Leitung und Entscheidungsfindung führte zu endlosen Versammlungen. Jeder, der in die Gemeinschaft kam, konnte sagen, was er wollte, und wer am meisten redete, hatte die größte Macht.

1981 – ich war 21 und hatte zwei Babys – sagten einige Leute während einer Versammlung, dass Kinder oder Hunde in der Gemeinschaft nicht erwünscht wären. Es tat weh, zu sehen, wie wenig Kontakt einige aus der Gemeinschaft zur Realität hatten. Oft gab es Konflikte zwischen denjenigen, die ein einfaches Leben führen wollten, und denen, die eine höhere Lebensqualität wünschten. Der Kampf zwischen denen, die Maschinen ablehnten und Äxte zum Bäumefällen benutzen wollten, und denen, die Kettensägen einsetzen wollten, kostete uns Monate. Einige wollten nur Kerzen benutzen, und andere sagten: »Nein, Taschenlampen mit Batterien sind ok.« Und dann gab es diejenigen, die aus Prinzip gegen alles waren. Jetzt können wir darüber lachen, aber damals war es sehr hart und bedrückte mich sehr.

Vieles änderte sich durch die Vertiefung unserer Verbindung zur Natur. Das Leben auf dem Land erforderte eine ganz andere Achtsamkeit für die Umgebung. Wir alle hatten in Städten gelebt, aber hier entdeckten wir die Natur. Wir entwickelten ökologisches Bewusstsein und begannen, es umzusetzen. Dazu gehörte, eine Windturbine zu bauen. Der Stahlmast war 10 m lang. 35 Leute trugen dieses gigantische Objekt durch den Wald hoch nach Lakabe. Als wir ankamen, fühlten wir uns, als hätten wir gerade das Unmögliche vollbracht.

Veränderung

In den ersten zehn Jahren bauten wir das alte Dorf komplett wieder auf und lernten, eine Gemeinschaft zu werden. Das war die Basis für jede weitere Entwicklung. Alle Vereinbarungen, die damals getroffen wurden, sind noch heute – nach 35 Jahren – gültig.

Das Leben in Lakabe ist sehr intensiv. Arbeit, Geld, Entscheidungen – alles wird geteilt. Krisen in der Geschichte entstanden immer dann, wenn ein Teil der Gruppe ihren Fokus mehr auf persönliche Anliegen und Interessen legen wollte. Unsere größte Krise ging in unsere Geschichte als *Die Krise von '91* ein. Ein Großteil verließ die Gemeinschaft; von über 50 Bewohnern schrumpften wir auf 20. Die Energie, die wir in den Gemeinschaftsprozess hineingegeben hatten, hatte uns erschöpft. Immer mehr Leute hatten das Gefühl, ihr persönliches Leben käme zu kurz im Gemeinschaftsleben. Es war schwer für alle – sowohl für diejenigen, die gingen, als auch für die, die in der Gemeinschaft blieben. Ich war unter denen, die gingen – später kam ich zurück, aber zunächst ging ich weg. Es war notwendig, damit ich herausfinden konnte, was ich in meinem Leben wirklich wollte. Ich begann eine Ausbildung zur Therapeutin und machte auch selbst eine Therapie, in der ich verstehen lernte, was mit der Individualität in einer Gemeinschaft

Alltagssituation aus einem intensiven Gemeinschaftsleben

geschieht. Ich hatte auch mehr Zeit für meine zwei Kinder, die älter geworden waren und mehr Aufmerksamkeit brauchten.

Auch während dieser Jahre habe ich niemals den Kontakt zu Lakabe abreißen lassen. Unsere Gemeinschafts-Regeln machten es möglich, dass die Gemeinschaft überlebte. Zum Glück hatten wir sie niedergeschrieben. Viel Klarheit entsprang ihnen, und am Ende stellte sich die Krise als etwas Positives heraus, weil unsere Identität gewachsen war. Während der 90er legte Lakabe seinen Fokus mehr auf das Innere des Gemeinschaftslebens. Und wir begannen, uns mehr um unsere Kinder und ihre wachsenden Bedürfnisse zu kümmern.

Der Staudamm

Dann geschah etwas, das Lakabe eine neue Wendung gab: Eine spanische Firma plante einen Staudamm, und alle Dörfer im Tal sollten überflutet werden. Lakabe führte die Proteste gegen dieses Projekt an. Dadurch entstand ein Bündnis mit unseren Nachbarn und anderen Bewegungen. Mit hoher Gemeinschaftsenergie und gewaltfreier Aktion versuchten wir, das Projekt zu stoppen. Viele Aktivisten landeten im Gefängnis. Wir hatten keinen Erfolg, der Staudamm wurde gebaut.

Lakabe liegt so hoch, dass es nicht geflutet wurde. Aber es war schmerzhaft, die Zerstörung der Dörfer im Tal mit anzusehen. Selbst heute, 15 Jahre später, fühle ich noch die Trauer über diese Barbarei, die noch in den Seelen der Betroffenen feststeckt. Der Moment, als die Bulldozer kamen, war einer der schwersten in meinem Leben. Die Polizei ließ mich als Zeugin ins Dorf. Ich erinnere mich an ein uraltes Haus mit Blumen auf der Terrasse. Die zwei alten Bewohner wurden abgeholt, und Bulldozer walzten alles nieder – schrecklich. Ich gehe noch immer nicht dorthin.

Ein Nebeneffekt des Dammes war, dass Lakabe jetzt an eine Straße angeschlossen ist. Wir hatten das nie gewollt, sie stört die Ruhe der Berge. Aber unsere Besucher sind glücklich.

Da wir während des Widerstandes eine Führungsrolle übernommen hatten, kamen wir mit allen in der Region in Kontakt. Am Anfang galten wir noch als Hippies, jetzt wurden wir von den umgebenden Dörfern respektiert als eine Gruppe, die etwas zu bieten hat. Mitglieder von Lakabe wurden in den Gemeinderat des Tales gewählt. Mabel Cañada aus Lakabe wurde Chefin des Abfallmanagements der ganzen Region. Mit ihrem Wissen regt sie dazu an, Abfall wiederzuverwenden und zu recyceln. Ihre Präsenz hat einen enormen Einfluss, und ihr Beispiel ändert das Denken von Menschen in ähnlichen Positionen. Sie macht jetzt eine Abfallrevolution!

Lakabe heute

In der Geschichte von Lakabe war der Kontakt mit RIE (Iberisches Netzwerk) und GEN sehr wichtig. Wenn man versteht, dass man ein Teil von etwas Größerem ist, kann man viele Erfahrungen besser einordnen. Es ist wie ein Resonanzfeld.

Heute leben drei Generationen in Lakabe. Wir sind zu 100 % energieautonom und haben 80 % regionale Lebensmittelautonomie. Wir haben viele Gäste, die an unseren Workshops teilnehmen, um von unserer Art zu leben zu lernen. Wir haben eine eigene Schule. An unseren Kindern sieht man, dass man in Lakabe ist: Sie haben einen ausgeprägten Sinn für soziales Verhalten und ein hohes Umweltengagement.

Wir haben viel über Leitung und Entscheidungsfindung gelernt und bieten heute in ganz Spanien Workshops an, um Menschen zu helfen, die geeigneten Führungsstrukturen für ihre Projekte einzuführen.

Über das Plenum hinaus haben wir Arbeitsgruppen, die Entscheidungen treffen. Jeder Entscheidungsprozess endet in einem Vereinbarungsdokument. Es ist wichtig, jeden Entscheidungsprozess integrativ, transparent, klar und bis zu einem glücklichen Ende zu führen.

Wir haben außerdem Erfahrung darin gesammelt, uns Dinge mitzuteilen, die vielleicht emotional oder schwierig sind und die Entscheidungsprozesse blockieren, wenn sie ungeklärt bleiben. Jedes Treffen beginnt mit einer ehrlichen Aussprache. Dann sehen wir gleich, ob eine Situation mehr Aufmerksamkeit benötigt, und setzen eine Unterstützungsgruppe ein. Wir haben einen Sack voller Methoden, um mit Konflikten umzugehen, je nachdem, was gebraucht wird.

Aus Lakabe gehen nun neue Gemeinschaften und Projekte hervor. An einer neuen Gemeinschaft, eine halbe Stunde entfernt von Lakabe, bin ich selbst beteiligt: sie heißt *Arterra Bizimodu*. Die Lakabe-Gemeinschaft hilft uns, und nun wird *Arterra* sogar Sitz des Büros von GEN-Europa. Gleichzeitig restaurieren einige Jugendliche von Lakabe ein anderes aufgegebenes Dorf, um dort zu leben.

Das Wichtigste für mich ist, dass wir mit Lakabe wirklich zeigen konnten: Es funktioniert. Ja, wir können anders leben, anstatt blind dem Mainstream zu folgen. Ja, wir können unsere Träume wahrmachen. Ja, wir können in Gemeinschaft leben.

In der Solution Library – solution.ecovillage.org:
Recycling Oil
Good Governance

Solarzellen im revitalisierten Dorf Lakabe

Tameras Wasserlandschaft verwandelt eine durstige Landschaft in ein Naturparadies.

Aufbau eines Heilungsbiotops

Tamera, Portugal

Tamera arbeitet am Aufbau eines ganzheitlichen Modells für eine Friedenskultur. Gegründet 1995 von Dieter Duhm und Sabine Lichtenfels, geht es aus einer Gemeinschaft hervor, die bereits 1978 entstand. Vera Kleinhammes ist Tochter des Gründerpaares und heute Teil des Leitungsteams.

Tamera ist aus den anteilnehmenden Herzen seiner Gründer entstanden. Nach ihrem Engagement gegen den Vietnam-Krieg und gegen Gewalt überhaupt stellten sie fest, dass Kriege ein äußerer Abdruck der zerrütteten inneren Seelenlandschaft des Menschen sind. Der Aufbau einer nachhaltigen Friedenskultur gelingt demnach nicht nur durch den Aufbau ökologisch und technologisch nachhaltiger Strukturen, sondern vor allem, indem wir die Innenseite des Menschen einbeziehen. Gemeinschaftsaufbau war ihre Antwort auf den Krieg. Sie wollten eine Form des Zusammenlebens entwickeln, die Vertrauen zwischen Menschen und allen Lebewesen erzeugt.

Aufwachsen in Gemeinschaft

Ich habe als Kind in einer heilen Welt gelebt. Die Erwachsenen nahmen mich mit all meinen Fragen ernst, da sie selbst mit ihren eigenen Fragen verbunden waren. Wir Kinder waren mitten drin im Gemeinschaftsleben, schauten bei allen Arbeiten zu oder halfen mit, waren mit den Bäumen in Wald und Garten befreundet. Zusätzlich zu Mama und Papa konnte ich mir andere Menschen aussuchen, von denen ich lernen wollte. Jeden Abend hat sich die Gemeinschaft in der Bibliothek versammelt. Wir Kinder konnten selig einschlafen, während die Erwachsenen sich intensiv mit der Situation der Welt auseinandersetzten.

Mit vier Jahren bekam ich das erste Mal bewusst mit, dass es Krieg auf der Welt gibt. Ich konnte es nicht fassen, und ein Teil von mir kann das bis heute nicht. Ich bin aus dem Paradies der Kindheit in den Wahnsinn der Erwachsenenwelt erwacht. Ich sagte zu meiner Mutter: »Wir müssen mit allen Menschen reden, dann hören sie schon auf.« Doch als ich erkannte, dass es dafür zu viele Menschen gibt, sagte ich: »Dann müssen wir halt mit Gott sprechen, denn er kann alle auf einmal erreichen.« Heute führe ich ähnliche Gespräche mit meinem Sohn. Die kindliche Logik ist eine wichtige Quelle für Lösungsgedanken. Die Welt ist aus geistigen Kräften zusammengesetzt, zum Beispiel der Feldbildung, die enorme Möglichkeiten für die globale Heilung bietet. Darauf beruht die politische Theorie von Dieter Duhm, meinem Vater, die beschreibt, warum kleine Gruppen in der Lage sind, große Veränderungen einzuleiten.

Mit 14 Jahren habe ich mich bewusst dafür entschieden, nach Tamera zu ziehen. Meine Eltern lebten schon dort, ich ging in Deutschland zur Schule und lebte im ZEGG. Bis jetzt hatte ich in Gemeinschaft gelebt, weil ich hineingeboren worden war. Jetzt begann mich zu interessieren, wofür meine Eltern und so viele Menschen sich einsetzten, und schließlich wusste ich: Das ist auch mein Weg.

Politische Aufgabe und Globaler Campus

»Es gibt keine Insel des Glückes in einer Welt voller Leid,« sagt Konstantin Wecker. Deshalb erarbeiten wir in Tamera nicht nur Lösungen für uns selbst, sondern auch im Hinblick darauf, was in Krisengebieten gebraucht wird. Wir integrieren die Erkenntnisse weltweiter Wissensträger in ein ganzheitliches Modell für eine Friedenskultur.

Unsere Wasserretentionslandschaft bietet Lösungen für Landschaftsheilung und Lebensmittelanbau in von Wüstenbildung bedrohten Regionen. Das Testfeld für ein Solarvillage mit täglich eingesetzten Systemen wie Scheffler-Spiegel, Biogasanlage und Solarkollektoren, sowie einer Modellanlage für Niedertemperaturstirlings zeigt, dass dezentrale Energieerzeugung eine echte Alternative ist. Mit der *Escola da Esperanca* ist eine internationale Schule im Genehmigungsprozess, die auch für Kinder aus der portugiesischen Region offen sein wird. Steinkreis und Pilgerwege bilden einen Landschaftstempel für die Kommunikation mit der Erde. Mit dem *Globalen Campus* und der *Schule Terra Nova* entsteht ein weltweites Netzwerk von Friedensprojekten. Durch sie erfahren wir – wie auch durch unsere Mitarbeit bei GEN – die Kraft und Inspiration, die entsteht, wenn man einander auf derselben Suche erkennt und unterstützt.

Tamera hat sich als belebender Faktor für die Region erwiesen. In Südportugal mit seiner Landflucht und Wüstenbildung kann unsere Erfahrung helfen, Dörfer und ganze Regionen zu revitalisieren. Ich liebe die Vision einer autarken Modellregion, wo Jugendliche sinnvolle Ausbildungen und Berufe finden und die Menschen merken: Unser Land ist ja reich! Reich im Sinne von Wasserqualität, Nahrungsqualität, lebendiger Nachbarschaft.

Innerer und äußerer Aufbau der Gemeinschaft

Das wichtigste für uns ist der Aufbau einer tiefen Vertrauensgemeinschaft. Unser Leitbild ist ein Heilungsbiotop: ein System, in dem jedes Wesen durch das Zusammenspiel mit anderen seinen Platz findet und dadurch gesundet.

Die Gemeinschaft ist in Untergruppen aufgeteilt: Autarkie-Gruppe, Politischer Ashram, Schule, Gästezentrum u.a. Dort und in der Gesamtgemeinschaft kommen wir mehrmals die Woche für tiefen Austausch und Studium zusammen.

Das »Forum« ist die wichtigste Kommunikationsform für größere Gruppen.

Wir haben drei ethische Grundregeln: Wahrheit, gegenseitige Unterstützung und verantwortliche Teilnahme. Es ist ein tägliches Training, die Tiefe dieser Ethik zu leben und ein Zusammenleben aufzubauen, in dem wir uns gegenseitig wahrheitsgemäß rückkoppeln. Emotionen wie Wut sind an ihrem Ursprung nicht schlimm oder böse. Das werden sie erst durch Verdrängung und Verurteilung. Sich in einem Vertrauensumfeld offenbaren zu dürfen, eröffnet neue Heilungsmöglichkeiten. Wo Bewusstsein ist, kann es keinen Krieg geben.

Es ist wie beim Wasser: Staut man es, kommt es immer wieder zu Dammbrüchen. Aber nicht das Wasser ist gewalttätig, sondern der falsche Umgang mit ihm. Ebenso geht es dem menschlichen Herzen: Wird es über Jahrtausende verleugnet, wird es böse und verlogen. Wer die Erfahrung macht, geliebt zu werden, ohne sich verstellen zu müssen, wird eine völlig andere Seite an sich entdecken.

Liebesschule

Unsere Friedensarbeit umfasst das zwischenmenschliche Krisengebiet einschließlich Liebe, Sexualität und Partnerschaft. Die Versöhnung zwischen Mann und Frau ist ein geschichtliches Unterfangen. So viel Lebensglück hängt davon ab, ob es für die Liebe eine Perspektive gibt. Fast alle Menschen fühlen sich im Kern nicht geliebt. Aus Angst fangen sie an zu klammern und erzeugen genau das, was sie fürchten: die Trennung.

Freie Liebe bedeutet, Verantwortung für die Liebe anzunehmen. Der Liebe selbst treu zu sein und solidarisch zu bleiben auch an den Stellen, wo die eigenen wunden Punkte berührt sind. Wenn jeder mit sich einverstanden ist, sich nicht mehr verstellt, wenn Männer und Frauen sich wieder vertrauen, ist dem Krieg ein wichtiger Boden entzogen.

In vielen Ländern werden Frauen ausgegrenzt und bestraft, wenn sie sexuell aktiv sind. Hier ist tiefe Friedensarbeit der Geschlechter gefragt, damit Frauen sich angstfrei entfalten können. Sexualität im Alter ist ein anderes Thema, das Heilung und Aufklärung braucht. Die Liebesschule von Tamera widmet sich diesen Fragen. Sexualität ist dann frei, wenn sie Vertrauen erzeugt. Liebe kann Dauer finden, wenn die Liebenden sich rückhaltlos voreinander offenbaren können.

Zur Liebesschule gehört die Elternschule – eine Initiative für Eltern oder Menschen, die es werden wollen. Es geht um ganz praktische Fragen rund um Geburt und Kinderaufwachsen, aber auch darum, den Vorgang von Zeugung über Schwangerschaft bis zur Geburt mit Wissen und Bewusstsein zu begleiten. Unsere beiden Hebammen bieten Hausgeburten in ganz Portugal an.

Leitungsstruktur

Das Thema der Leitung fordert uns immer wieder heraus. Es verlangt viel Vertrauen und Reife, eine Basisdemokratie aufzubauen. Ich denke, dass es auch dafür Leitungsqualität braucht: die Fähigkeit zur Anteilnahme, Teamfähigkeit und Überblick. Ein Gruppenleiter lässt sich bespiegeln und braucht Mut, Neues zu wagen, Gewohnheiten zu durchbrechen und es nicht immer allen recht zu machen. Denn von selbst wiederholt sich meistens nur das Alte.

Wir arbeiten intensiv an den Fragen: Was heißt Leitung ohne Guru-tum? Wie wächst echte Verantwortungsfähigkeit und Verantwortungslust in allen Mitgliedern? Die Tendenz, Verantwortung abzugeben, führt sonst zu einer Überfrachtung des Leitungsteams. Wie bilden wir die nächste Trägergeneration aus, ohne dass die Tiefe verlorengeht, und lassen gleichzeitig Freiraum, damit sie selbst ihre Kräfte und Qualitäten entwickeln können?

Fehler und Schwierigkeiten

Eine Grundschwierigkeit ist es meiner Ansicht nach, als Friedensarbeiter Anteil an der Welt zu nehmen, in der es so viel zu tun gibt, ohne zum Workaholic zu werden. Das gilt persönlich wie für die Gemeinschaft. Wie können wir alles schaffen und genug Freiraum haben, um das Leben zu zelebrieren und den Frieden zu leben, den wir lehren? Am Anfang gingen die Gründer davon aus, nach drei Jahren sozialen Experiments wären die Grundparameter für ein neues menschliches Zusammenleben gelegt, und sie könnten sich dann intensiv der äußeren Friedensarbeit widmen. Aber es gibt sehr tiefe Themen, die immer wieder auf neuen Ebenen auftauchen. Es ist manchmal schwer zu akzeptieren, dass der Wahnsinn der Welt in uns immer noch so viel Kraft hat.

Ein anderer Engpass betrifft die äußere Entwicklung: Vor einigen Jahren bekamen wir von den Behörden einen Baustopp. Nach den Naturschutzbestimmungen auf unserem Gelände ist die Baufläche ausgeschöpft. Aktuell bedeutet das für die Gemeinschaft, dass die meisten von uns in Wohnwägen leben müssen – nicht gerade das, was wir uns unter ökologischem Gemeinschaftsleben vorstellen. Wir wollen aber wachsen und zeigen, dass Siedlungen so gestaltet werden können, dass die Natur nicht gestört, sondern gefördert wird. Die Artenvielfalt, der Baumbewuchs und die Fruchtbarkeit des Geländes nehmen durch unsere Arbeit schon jetzt deutlich zu. Die Behörden helfen uns, die legalen Schritte einzuleiten. Das bedeutet u. a., unseren Masterplan für die nächsten 15 Jahre im Detail vorzulegen – vielleicht ein exemplarischer Prozess für die Ökodorfbewegung.

Eine sehr schmerzhafte Schwierigkeit haben wir hoffentlich hinter uns gelassen: In der Geschichte des Projektes wurden wir von der Presse oder der Kirche als Sekte und Dieter Duhm als Guru abgestempelt. Es wurden uns regelrechte Verbrechen unterstellt, absurd und haltlos. Das hat die Entwicklung des Projektes stark beeinträchtigt, aber es gehörte wohl zum Gegenwind, den jede neue Entwicklung auslöst. Es war für uns eine tiefe Schule.

Ich bin stolz auf die Vielfalt, die tiefe Humanität und die Solidarität unserer Gemeinschaft. Und ich liebe die Komplexität, an der wir arbeiten. Alles geschieht aus der Liebe zur Welt. Für die Liebe zum Leben.

Mehr: www.tamera.org

In der Solution Library – solution.ecovillage.org:
Water Retention Landscape | Parents' School

Das Tal von Günesköy wurde zum Ort des Austauschs zwischen Land- und Stadtbevölkerung.

Brücken bauen zwischen Stadt und Land

Günesköy, Türkei

In der sich schnell entwickelnden türkischen Gesellschaft will das Ökodorfprojekt Günesköy, 65 km außerhalb von Ankara gelegen, die kulturelle und ökonomische Kluft zwischen Dorf und Stadt überwinden. Ali und İnci Gökmen, Chemie-Professoren in Ankara, setzen sich seit vielen Jahren für Natur- und Umweltschutz ein.

Ali Gökmen:

Meine Familie lebte am Stadtrand von Ankara. Wenn die Obstbäume blühten, war die ganze Gegend weiß. Meine Großmutter weckte mich morgens vor den Gebeten auf, und wir pflückten Früchte und Weintrauben. Heute ist dieselbe Gegend mit Hochhäusern verbaut, es gibt keine Bäume mehr. Das Beste in meinem Leben ist, dass ich mit Inci eine Partnerin habe, die dasselbe liebt wie ich. Unsere Ehe ist die kleinste Form der Gemeinschaft, von hier kann es wachsen.

Inci Gökmen:

Wir waren zu Hause drei Mädchen und ein Junge, aber zum Abendessen saßen immer zehn oder fünfzehn Leute am Tisch. Alle Freunde waren willkommen und bildeten eine Gemeinschaft. Ich liebe es immer noch, mit Menschen zusammen zu sein und zu teilen. Heute unterrichten Ali und ich Chemie an der Universität von Ankara, aber das wertvollste Wissen ist das, das nicht in Büchern steht: Erfahrungen, unter Freunden geteilt oder von einer Generation an die nächste weitergegeben. Auch in der schlimmsten Situation gibt es eine Lösung. Viele Probleme entstehen erst durch unsere Trennung von Natur und Gemeinschaft.

Entwicklung zerstört Dörfer und Natur

Die Türkei ist vom globalen Trend »Entwicklung und Modernisierung« betroffen. Das Bruttosozialprodukt wächst seit Jahren enorm, gleichzeitig verschwindet die türkische Kultur mit ihren dörflichen und städtischen Gemeinschaften, ihren Parks und ihren frischen Lebensmitteln. Die Hochhäuser in Ankaras Stadtzentrum wurden alle in den letzten fünf bis zehn Jahren gebaut. Die Autoindustrie boomt. Millionen Bäume wurden gefällt. An die ökologischen Folgen scheint niemand zu denken. Wasser, Erde, Bäume, Luft sind ökonomisch nichts wert. Tausende von Mega-Staudämmen werden überall im Land gebaut, Flüsse an Investoren verkauft. Früher konnten die Bauern das Wasser frei für die Bewässerung nutzen, heute müssen sie es bezahlen. »Entwicklung«, wie sie in der Türkei geschieht, zerstört das Dorfleben. Viele Bauern geben auf und werden Bergarbeiter. 2014 wurde ein Gesetz verabschiedet, das vielen Dörfern die Eigenständigkeit nahm und sie

Türkische Gastfreundschaft mit allem, was auf dem Hof wächst

in die nächstliegenden Städte eingemeindete.

Der Plan, aus dem *Gezi-Park* in Istanbul ein Einkaufszentrum zu machen, war 2013 der Tropfen, der das Fass zum Überlaufen brachte. Es begann mit ein paar jungen Leuten, die die Bäume beschützen wollten, und dann explodierte die Situation. Millionen Menschen in der ganzen Türkei waren wochenlang auf der Straße. Die Regierung antwortete mit Gewalt. Tränengas und Gummigeschosse töteten mehrere Menschen und Hunderte wurden verletzt.

Trotzdem haben wir Hoffnung. Wir glauben, dass wir eine bessere Welt aufbauen können, in der alle Menschen Arbeit haben, und zwar nicht durch Abholzen, sondern durch das Pflanzen von Bäumen. Worte allein überzeugen die Menschen nicht. Wir brauchen lokale Beispiele und funktionierende Modelle als Zentren der Inspiration. Wenn wir die Liebe zu unserer Kultur mit der Liebe zur Zukunft verbinden, machen wir das gegenwärtige System überflüssig.

Günesköy, das Sonnendorf

Staatsgründer Atatürk nannte Bauern »die eigentlichen Besitzer des Landes«. Aber heute werden Dorfbewohner verachtet. Das muss sich ändern. Die Bauern erzeugen unsere Nahrung und leisten aktiven Naturschutz. Tun sie das nicht mehr, hungern die Städte. Wir wollten ein Projekt gründen, das den Menschen ermöglicht, in den Dörfern wirtschaftlich zu überleben, indem es eine direkte wirtschaftliche Verbindung zwischen Land- und Stadtbevölkerung schafft. Dieser Kontakt würde auch das Bewusstsein beider Seiten verändern.

Wir fanden 65 km von Ankara, nahe bei dem Dorf Hisarköy, Land und gründeten eine Kooperative. Wir nannten sie *Günesköy: Sonnendorf*. Das Land war Staatseigentum, aber die Dorfbewohner nutzten es für ihre Tiere.

Wir trafen sie mehrfach, um ihre Zustimmung zu erhalten. Das Leben in türkischen Dörfern ist immer noch sehr traditionell. Obwohl *Güneşköy* nur eine Stunde von Ankara entfernt ist, waren wir für die Bewohner Ausländer.

Wir brauchten zwei Jahre, um das wilde Stück Land urbar zu machen. Studenten und Familien mit Kindern halfen. Einmal fanden wir den Brunnen zerstört vor. Wir haben das akzeptiert. Wasser ist ein kritisches Thema in der Türkei; wer wann und wie viel Wasser erhält, hat sich über Generationen so entwickelt. Jeder Neuankömmling verändert die Situation. Also haben wir einfach einen neuen Brunnen auf einem Nachbargrundstück angelegt.

Solidarische Landwirtschaft

Wir versuchten, die Bauern von ökologischer Landwirtschaft zu überzeugen. Wir luden sie zu Informationsveranstaltungen im Café ein und brachten Argumente gegen Chemikalien. Sie hörten höflich zu, aber änderten nichts. Als wir 2005 mit dem eigenen Bioanbau begannen, produzierten wir Unmengen an Broccoli. Wir wollten ihn auf dem lokalen Markt verkaufen, aber der Preis war so niedrig, dass sich das nicht lohnte. Wir beschlossen dann, den Broccoli in seiner Fülle zu verschenken. Aber das war kein gutes Beispiel für die Bauern, da sie ja von ihren Einkünften leben müssen.

2006 begannen wir mit dem Prinzip der *Solidarischen Landwirtschaft* (CSA). Schon im ersten Jahr traten mehr als neunzig Menschen bei. Von dem Geld stellten wir einen Bauern aus dem Dorf ein und machten ihn mit den neuen Techniken vertraut: Bioanbau, Hochbeete und Tröpfchenbewässerung. Die Bauern dort nutzten immer noch die traditionelle Methode der Überflutung von Feldern, die viel Wasser braucht. Wir verteilten die Ernte mit einem Bus in ganz Ankara. Das Interesse war hoch, und wir waren glücklich. Der wirtschaftliche Erfolg überzeugte nun auch die Dörfler davon, es mit biologischer Landwirtschaft zu versuchen. So veränderte sich ihr Denken. Heute bringen viele Familien ihre Ernte auf den Öko-Markt nach Ankara. Die Leute in der Stadt kaufen die Produkte zu einem fairen Preis, wenn sie wissen, wo diese herkommen. So sind beide Seiten glücklich.

Situation der Frauen

Wir stellten zwei Frauen aus dem Dorf ein, um unser Land zu bearbeiten: Fatma, 50, und Seda, 35. Sie sind die ersten Frauen im Dorf, die jemals für Geld gearbeitet haben. Die Männer im Dorf haben das anfangs kritisiert, aber die Frauen haben nicht auf sie gehört. Frauen in einem traditionellen Dorf tragen eine Mehrfachbelastung: Feldarbeit, Kinder versorgen, kochen und einmachen sowie die Pflege der Tiere. Manche Männer sitzen dagegen den ganzen Tag im Café. Deshalb wollen viele junge Frauen nicht mehr im Dorf heiraten.

Doch Seda ist Witwe und Fatmas Mann unterstützte ihre Entscheidung. Geldverdienen war für sie eine Revolution. Sie merken auf einmal, dass das, was Frauen seit Generationen tun, etwas wert ist. Sie fahren auch auf den Markt und verkaufen die Produkte. Allein die direkten Kontakte haben ihr Leben verändert.

Fatma: »Die Frauen aus der Stadt sagen mir manchmal, ich sähe älter aus, als ich bin, ich solle besser auf mich achten. Ich sage ihnen, was wollt ihr denn? Im Gegensatz zu euch weiß ich meine Kraft einzusetzen. Ich bin kein Kleid, das nur im Schrank hängt.«

Seda: »Wir ernähren die Stadtmenschen. Sie sollten uns besuchen und wertschätzen, was wir für sie tun.«

Sie wissen, wie wichtig der Vertrauensaufbau mit den Kunden ist. Fatma: »Wir betrügen niemals auf dem Öko-Markt. Die Kunden würden es erfahren, und niemand würde mehr bei uns kaufen.«

Sie lassen uns nie weggehen, ohne uns von ihrem selbstgebackenen Brot, dem Käse und den frischen Kräutern zum Probieren gegeben zu haben und ohne uns Eimer voller Obst, Gemüse und Samen mitzugeben.

Lernen und Experimentieren

Unser erstes Haus auf dem Grundstück war aus Lehmziegeln. Unsere Nachbarn zeigten uns die lokale Technik, die nur mit einer bestimmten Erde funktioniert. Als nächstes bauten wir ein Strohballenhaus: eine große Lernerfahrung; wir arbeiteten jedes Wochenende mit 50 - 60 Freiwilligen. Wir dachten, es würde einen Monat dauern, aber am Ende waren es sechs Monate, in denen wir immer wieder auf neue Probleme stießen und immer wieder Lösungen fanden. In Zusammenarbeit mit dem Landwirtschaftsministerium errichteten wir ein großes Gewächshaus, das die Wachstumssaison enorm verlängert.

Viele Menschen besuchen uns, lernen und starten eigene Ökodorf-Projekte an ihren Orten. Endlich greift der Biolandbau in der Türkei. In Istanbul gibt es acht Ökomärkte und in Ankara zwei. Wir boten drei EDE-Kurse an der Universität an, und mehrere Teilnehmer gründeten eigene

Projekte. Eine Gruppe startete das »Nachhaltigkeits-Film-Festival«: ein dreitägiges Festival mit Filmen, Diskussionen und anderen Aktivitäten.

Das Ende von Günesköy

Es ist sehr traurig, aber die Tage von *Günesköy* – unserem Sonnendorf – sind gezählt. Ein Hochgeschwindigkeitszug, der Ankara mit dem Nordosten verbinden soll, wird durch das Land verlaufen. Die Gesetze der Türkei geben uns keine Möglichkeit, das zu verhindern. Wir werden ein wenig Geld bekommen, aber nichts kann diesen Verlust kompensieren – all die Arbeit, die Liebe und das Vertrauen, das wir langsam mit den Dorfbewohnern aufbauen konnten. Unsere Nachbarn, ein älteres Ehepaar, werden alles verlieren, was sie ihr ganzes Leben lang aufgebaut haben.

Wir weigern uns, die Hoffnung zu verlieren. Die Bewegung für Nachhaltigkeit geht weiter. Sie trifft sich überall in der Türkei. Daraus entstehen *Lokal-Parlamente*, die zusammenkommen und Aktionen planen. Viele Dinge passieren an vielen Orten, und wir werden weiterhin positive Beispiele setzen.

Inci gibt einen Kurs über *Nachhaltiges Leben und Grüne Chemie* an der Universität. Studenten von uns haben zwei Grundstücke der Stadtverwaltung besetzt und urbane Bauernhöfe aufgebaut. Die Verwaltung hat sogar geholfen, einen Zaun zu bauen, und sie mit Wasser versorgt.

Heute kommen die meisten Lebensmittel aus dem Süden der Türkei. Wir warfen die Frage auf: Ist es möglich, Ankara aus der Region zu ernähren? Ein Bürgermeister der Oppositionspartei griff das auf. Er findet, dass große Städte einen Gürtel von Dörfern für die Lebensmittelsouveränität um sich haben sollten. Er startete eine Stadt-Land-Initiative, und das Ergebnis war ein großer Markt im Stadtzentrum von Ankara. Dorfbewohner brachten Leben in die Stadt: Strohballen auf den Straßen, Saatgutaustausch und Information über Bioanbau.

Was ist unser nächstes Projekt? Wir denken über ein neues Zentrum für Saatgutmanagement nach, ein Forschungsinstitut, das von Dorfbewohnern betrieben und genutzt wird, nicht von Unternehmen. Aber was immer wir tun werden: Es wird Hoffnung, Energie und neue Projekte bringen – für die Jugend, für die Frauen und für alle!

In der Solution Library – solution.ecovillage.org:
CSA Farming

Die Schweibenalp im Berner Oberland mit ihrer Baumschule und Saatgutgarten der Alpinen Permakultur

Interreligiöse Friedensarbeit und alpine Permakultur

Zentrum der Einheit, Schweibenalp, Schweiz

Dr. Sundar Robert Dreyfus begann 1981, in der Schweiz einen »Ashram« als Begegnungsort der Weltreligionen aufzubauen. Er war 34 Jahre alt, Arzt und Psychiater, stammte aus einer jüdischen Traditionsfamilie und hatte den Traum, das zu finden, was alle spirituellen Traditionen im Kern vereint.

Ich erinnere mich noch gut daran, wie ich mit zwei Freundinnen an einem sonnigen Tag im März 1982 erstmals die halbverschneite Straße zur Schweibenalp hinaufstieg. Die Größe des Hauses und die Weite des Geländes erschreckten mich. Aber die Würfel waren gefallen, es war das Richtige. Die *Stiftung zur Verwirklichung von Wahrheit, Einfachheit und Liebe* – heute der Einfachheit halber umbenannt in *Stiftung Schweibenalp* – wurde am 23. Juni 1982 Besitzerin des Anwesens.

Am 1. Juli zog ich mit einer Schubkarre, einer Motorsäge, einer Hacke und meinem kleinen Tempel ein. Mein Vorbild war der Ashram *Haidakhan* in Indien, der von dem indischen Weisen Babaji gegründet worden war. Ich übertrug dessen Lebensweise auf die Schweibenalp: ein morgendliches Bad im Fluss, Meditation, Gottesdienst morgens und abends, dazwischen segensreiche Arbeit und viel Spaß.

Der Name *Zentrum der Einheit* und die Aufgabe der interreligiösen und interkulturellen Friedens- und Verständigungsarbeit kamen mir ganz natürlich. Es konnte losgehen.

Zu Beginn war ich allein auf dem riesigen Gelände. Ich war wie eine Ameise, die alles von A nach B bringt oder entsorgt. Ich begann weder mit Gemeinschaftsgründung noch mit einem Budget oder mit Baubewilligungen und Prüfungen. Ich dachte weder ans Geldverdienen, noch an Löhne oder Rente. Ich war naiv und hoffte, damit durchzukommen.

War es möglich, im System dieser Welt eine andere Welt zu erschaffen? Jetzt, nach über dreißig Jahren, sage ich: nur bedingt. Vieles musste mit der Zeit dem herrschenden Gesellschaftssystem angeglichen werden, um ernstgenommen zu werden und Wirkung zu entfalten. Doch ich möchte die idealistische Pionierzeit nicht missen.

Bald kamen Menschen aus ganz Europa, um den neuen Ashram kennenzulernen, dann mögliche Mitbewohner und Mitarbeiter. Die Vision war damals klipp und klar: Ashramleben – wir schaffen einen Platz für eine Bewegung.

Nach ein paar Monaten hatten wir ein Büro, eine Kasse und jemand, der sie verwaltete. Der Tempel war damals im Parterre des Chalets, wo er auch heute wieder ist. Im ersten Stock des Chalets wohnte ich, mein Bett waren zwei Türen und eine Matratze. Auch heute ist das Chalet mein Zuhause. Später kam meine Frau dazu. Unsere Kinder Jeshua und Elischewa wurden dort geboren, Sarah dort empfangen.

Ora et labora – bete und arbeite – waren unsere Hauptbeschäftigungen; doch die innere Stimme zählte mehr als Gehorsam gegenüber etwas Äußerem,

Interkulturelle Spiritualität und Friedensarbeit ist der Kern der Arbeit auf der Schweibenalp.

Einfachheit mehr als Armut, und Beziehungen durften auch sexuell gelebt werden. In den Ashramregeln stand die Empfehlung, man solle, wenn man allein gekommen sei, die Zeit auch für sich nutzen. Bei der Zahl von Partnerschaften, Freundschaften, Ehen, Kindern, die bei uns entstanden, scheint sie nicht unbedingt eingehalten worden zu sein.

Lehrer verschiedener Disziplinen boten Kurse an: Schwitzhütten, Sakraltanz, Rebirthing. Alles war spontan und improvisiert. Jeder, der kam, wurde sofort in den Alltag der gemeinsamen Arbeit und der gesungenen Gottesdienste miteinbezogen. Ich erinnere mich an eine Frau, die anstatt wie geplant am Seminar teilzunehmen, die ganze Zeit nur in der Küche mithalf. Als ich ihr das Seminargeld zurückerstatten wollte, lehnte sie ab, sie hätte mehr gelernt als in jedem Seminar. Bald wurde ein Feuer-Tempel am energetisch geeignetsten Platz gebaut. Abgesandte von Babaji kamen, um Feuerrituale abzuhalten.

Das Gefühl von Heimat und Familie entstand. Jeder fühlte sich zu Hause. Jeder spürte die kraftvolle Schwingung, die Kameradschaft und die gemeinsame Arbeit. Was wollte man mehr?

Während der ersten zwei Jahre zahlten alle, die auf der Schweibenalp wohnten, einen Beitrag. Mit der Zeit wurde dies unmöglich, und die Mitglieder der Gemeinschaft bekamen ein Taschengeld und die Krankenkasse bezahlt. Später gab es ein Entlohnungssystem. Heute teilen wir das Einkommen in einem offenen System der Kommunikation unter allen Mitarbeitern auf.

Die erste Einheitsfeier

Im Dezember 1982 mit dem ersten Schnee fand die erste Einheitsfeier statt. Vertreter der großen Religionen kamen zusammen, um das Gebet der anderen mitzuhalten – in Respekt, mit Offenheit und im Geiste der Gleichwertigkeit. Ein protestantischer Priester, ein tibetisch-buddhistischer Mönch, ein Sufi, ein Jude, ein Hindu. Mehr als 100 Personen versammelten sich dicht gedrängt im großen Saal des Gästehauses. 1982 war es eine Novität, dass wir nicht nur die anderen respektierten, sondern auch mit ihnen beteten. Das »Zentrum der Einheit« war geboren.

Die jährlichen Einheitsfeiern wurden das Kennzeichen der Schweibenalp. Christen, Juden, Muslime, Hindus, Buddhisten, Chinesen, Schwarzafrikaner, Indianer, Menschen aus allen Traditionen, die einem neuen freien, universellen und spirituellen Bewusstsein für die ganze Erde verpflichtet sind, nahmen an diesen Feiern teil. Wir feierten Rituale der vertretenen Traditionen. Wir tanzten in großen Kreisen und sangen schier endlos spirituelle Friedenslieder. Wer sprechen wollte, war frei, es zu tun. So entstand eine planetarische spirituelle Familie, die zusammenkam, um ein Zeichen für Einheit und Frieden zu setzen. Es ging um mehr als um Toleranz, es ging um die grundlegende Einheit aller Menschen und Traditionen. Gemeinsam mit anderen Zentren wie Findhorn und Auroville erschufen wir damit ein morphogenetisches Feld des Friedens unter den Religionen. Einfach, spontan und improvisiert entstanden die schönsten und tiefsten Momente, die man nie wieder vergessen sollte. Heute wird diese Tradition durch die jährliche *Universal Peace Celebration* fortgesetzt.

Die Arbeit des *Zentrums der Einheit* und aller verwandten Zentren oder Gemeinschaften verstehe ich als kulturbildend. Wir sind uns natürlich der viel größeren Kraft der Mainstreamfelder bewusst, die den Status Quo der

Kultur aufrechterhalten. Es wird sich herausstellen, ob der Kosmos jenen Feldern, welche mit seiner Grundordnung in Kohärenz stehen, größere Wirksamkeit verleiht als solchen, die sich letztlich gegen das Leben richten. Es kommt auf jeden an, durch seine Gedanken, Worte, Handlungen in die Richtung des Lebens zu wirken.

Kreuzungspunkt der Traditionen

Die Lebensintensität auf der Schweibenalp war in jenen Jahren sehr hoch. Die täglichen Rituale, das Leben in der Gemeinschaft und die kraftvolle Natur waren starke Kraftfelder. Gleichzeitig waren wir junge Europäer des 20. Jahrhunderts. Wir sahen uns als Kreuzungspunkt der alten Traditionen und des neuen Zeitalters. Inspiriert von Gastlehrern entwarfen wir immer wieder andere Systeme für die Entscheidungsfindung, z. B. das Konsens-Prinzip – das aber unendlich viel Zeit konsumiert, solange die Menschen sich selber nicht kennen und Entscheidungen zum Tummelplatz ihrer Eigeninteressen machen. Später stellten wir auf Konsent um: Entscheidungen, mit denen alle leben können, auch wenn nicht alle mit allem einverstanden sind. Nach diesem System arbeiten wir noch heute.

Bald waren wir eine Gemeinschaft von 10 - 15 Personen. Die meisten bleiben ein bis drei Jahre. Der Ort war für viele eine Durchgangsstation in einer Phase der Transformation mit dem Ziel, das Gelernte und Erfahrene an anderen Orten weiter zu leben.

Veränderungen

Mitte der Neunziger Jahre zeigte sich, dass weltweit die großen Veränderungen des Bewusstseins noch auf sich warten ließen. Spannungen zwischen den fundamentalen und orthodoxen Vertretern der Religionen, die sich weitende Schere zwischen Arm und Reich und die ökologische Zerstörung zeigten, dass wir als Menschheit noch nicht an einem Punkt einer generellen Umkehr sind.

Das Zentrum der Einheit durchlief enorme Veränderungen. Zwar ist die Schweibenalp immer noch ein Ort für Herzens- und Bewusstseinsentwicklung; es zeigte sich aber, dass die Suchenden heute andere Mittel und Wege beschreiten, um in den inneren und äußeren Wandel zu kommen. So traten die traditionellen Rituale in den Hintergrund – ohne zu verschwinden – und die direkte Erfahrung des bewussten *Hier und Jetzt* in den Vordergrund. Wir üben im Alltag das Zusammenleben unter Mitarbeitern, freiwilligen Helfern und Gästen mit Hilfsmitteln wie Meditation, Yoga, Chi Gong, Tanz, persönlicher Klärungsarbeit, Kreativität.

Unsere Ausrichtung hat sich in den letzten Jahren viel mehr der Erde zugewandt. Seit 2011 entsteht mit der *Alpinen Permakultur Schweibenalp* auf einer Fläche von 20 Hektar und in 1100 Metern Höhe das derzeit größte alpine Permakultur-Projekt der Schweiz: ein vielfältiges Modell naturnaher Landnutzung in den Alpen, für den Anbau von gesunden Lebensmitteln in Mischkultur und zur Bewahrung biologischer Vielfalt in diesem fragilen und bedrohten Ökosystem. Mit diesem Beispiel zeigen wir, dass die Alpen wieder eine hochproduktive »essbare Landschaft« werden können.

Inzwischen ist die Schweibenalp ein bekanntes Seminarhaus für ganzheitliche Erfahrungen in vielen Bereichen geworden, von gerechter Ökonomie bis Umwelterziehung, von Schamanismus bis Friedensjournalismus. 2013 waren wir Gastgeber der GEN-Europe-Konferenz.

Die Schweibenalp wird heute von einer Kerngemeinschaft geleitet. Alle MitarbeiterInnen können sich ihr anschließen, wenn sie bereit sind, ihr Leben gemeinschaftlich auszurichten und Entscheidungen gemeinsam zu treffen. Ich konnte mich aus dem Tagesgeschehen immer weiter herausziehen und die Leitung der Schweibenalp in kompetente Hände abgeben.

Als *Zentrum der Einheit* bekennen wir uns heute zu keiner speziellen Tradition, Religion oder einem Glaubenssystem. Wir bekennen uns aber zu jenem Teil in allen, der über die Besonderheit des Einzelnen hinausgeht. Mit unserer Lage in der Schweiz als einer der privilegiertesten Volkswirtschaften der Welt empfinden wir eine besondere Verantwortung, zu einem Kulturwandel beizutragen; wir sehen uns als Teil eines globalen Netzwerkes für einen Systemwechsel.

Mehr: www.schweibenalp.ch

Für die Solution Library – solution.ecovillage.org:
Alpine Permaculture
Interreligious Rituals

Jeder Tag in Sekem beginnt mit einem Morgenkreis.

Konkurrenzfähige Nachhaltigkeit in der Wüste

Sekem, Ägypten

Mit der Vision nachhaltiger Entwicklung für Mensch, Gesellschaft und Erde begann Dr. Ibrahim Abouleish 1977, die Wüste zu kultivieren. SEKEM, benannt nach einer altägyptischen Hieroglyphe für Lebenskraft, setzt heute Impulse für ganz Ägypten. Für sein Werk erhielt Dr. Ibrahim Abouleish u. a. den Right Livelihood Award.

Tief in meinem Innern lebt ein Bild: Mitten in Wüste und Sand sehe ich mich aus einem Brunnen Wasser schöpfen. Achtsam pflanze ich Bäume, Kräuter und Blumen und tränke ihre Wurzeln mit dem kostbaren Nass. Das kühle Brunnenwasser lockt Tiere und Menschen an, die sich erquicken und laben. Bäume spenden Schatten, das Land wird grün, Blumen verströmen ihren Duft, Insekten, Vögel und Schmetterlinge zeigen ihre Hingabe an Gott, den Schöpfer, als sprächen sie die erste Sure des Koran.

Der Beginn 1977: Das Land, das sich in der Wüste bis zum Horizont fahlgelb und leer vor meinem Blick ausdehnte, erschien sanft hügelig. Mir gefiel, dass es hier nicht so flach war wie im Delta. Nach einigen Schritten in der flirrenden Sonnenhitze tauchte in meinem Inneren die Vision auf: der Brunnen, Bäume, Pflanzengrün und Blütenduft, Tiere, Komposthaufen, Häuser und arbeitende Menschen. Wie viel Kraft würde aufgebracht werden müssen, um eine solch unwegsame, schwierige Umgebung zu verändern und diese Öde in einen Garten zu verwandeln! Und wie viele Arbeitsplätze würden dabei geschaffen werden können! Menschen würden sich bilden und Heilsames für die Erde erreichen!

Mit dem Erwerb des Grundstücks in der Wüste nordöstlich von Kairo begann eine intensive Planungsphase. Von Anfang an wollten wir mit Sekem ein Beispiel für nachhaltige Entwicklung setzen, wo biologisch-dynamische Landwirtschaft, Verarbeitung von biologisch-dynamischen Produkten, ganzheitliche Bildung und Erziehung sowie kulturelle und soziale Entwicklung zusammenkommen. Seit damals arbeiten wir stetig an der Verwandlung von Wüste in fruchtbare Erde.

Wasser ist in der Wüste ein Schlüsselfaktor. Gleich am Anfang bauten wir auf der Farm fünf Brunnen mit 100 bis 110 Metern Tiefe. Heute haben wir viele verschiedene Bewässerungssysteme auf der Farm. Sekem ist nun von einem riesigen unterirdischen Bewässerungssystem durchzogen.

Moderne Landwirtschaft wurde zur Basis erfolgreichen Anbaus. Die Farmen Sekems und seiner Zulieferer arbeiten nach den Prinzipien der biologisch-dynamischen Wirtschaftsweise. Die Bodenfruchtbarkeit wird durch nährstoffreichen Kompost aus pflanzlichen Abfällen und Dung von Tieren kontinuierlich verbessert. Regelmäßige Labor-Kontrollen von Kompost und Boden garantieren eine schadstofffreie Landwirtschaft.

Gesunde organische Samen und Setzlinge aus Sekem garantieren die Qualität einer reichhaltigen Ernte. Moderne Pfropfmethoden bringen gesunde Pflanzen hervor, die eine hohe Resistenz gegen Bodenerkrankungen haben und besser an extreme Klimabedingungen angepasst sind. Sekem entwickelte innovative Methoden bei der Züchtung von Nützlingen, natürliche Insektenkontrolle und die Anwendung effektiver Mikroorganismen für die Abwasseraufbereitung.

Als in Ägypten die pharmazeutische Industrie eingeführt wurde, ging das Bewusstsein für traditionelle Pflanzenmedizin verloren. Mit einer großen Kampagne führte Sekem vor 25 Jahren Kräutertees ein und ist heute Marktführer, ebenso in der Produktion von Pflanzenmedizin.

Auch unsere Entwicklung der biodynamischen Anbaumethode für Baumwolle im Jahre 1992 ist eine Revolution für Ägypten. Unsere Methode überzeugte auch die Regierung, die seither auf 35.000 Tonnen Pestizide pro Jahr verzichtet, mit denen vorher die Baumwollplantagen aus der Luft behandelt wurden.

In den letzten Jahren konnten wir neue Wüstengebiete erwerben und die biologisch-dynamische Anbauweise ausdehnen. Über 850 Partnerfarmen in ganz Ägypten sind Mitglieder der *Egyptian Bio Dynamic Association*. Die EBDA steht Landwirten mit Rat und Tat zur Seite und treibt die Weiterentwicklung der biologisch-dynamischen Landwirtschaft wissenschaftlich voran.

Einmal im Monat gibt es ein Treffen aller mit Sekem zusammenarbeitenden Bauern. Jedes Mal bietet sich dabei ein eindrucksvolles Bild, wenn sich rund zweihundert hochgewachsene, kräftige Männer mit gewaltigen Bärten in langen *Galabeyas* erheben und oft mit Tränen in den Augen zum Ausdruck bringen, wie sehr sie sich von Sekem getragen fühlen. In ihren schlichten, aber von Herzen kommenden Worten schwingt mit, wie sie in Sekem ein Ideal des Wirtschaftslebens verwirklicht sehen, das auf Brüderlichkeit und nicht auf Konkurrenz und Egoismus gegründet ist.

Heute hat Sekem eine Unternehmensgruppe erfolgreicher Firmen, die Lebensmittel, Gewürze, Tees und Textilien aus organischer Baumwolle herstellen, verarbeiten und exportieren. Eine fair organisierte Wertschöpfungskette vom Bauern bis zum Endverbraucher auf der Basis von Vertrauen, Transparenz, fairen Preisen und Verträgen ist das Kennzeichen von Sekems *Wirtschaft der Liebe*. Das bedeutet, dass jeder Produzent einen fairen Teil des Mehrwerts bekommt, genug um sich selbst, seine Familie und seine Gemeinschaft weiterzuentwickeln. Heute gibt es dafür den Fachbegriff »Fair Trade«.

Helmy Abouleish: »Wir wollen der Welt beweisen, dass wir durch unsere Arbeit an allen Dimensionen der Nachhaltigkeit und durch unsere Investitionen in die Bildung unserer Mitarbeiter mit den besten Firmen in der ganzen Welt konkurrieren können. Sekem ist ein Modell für nachhaltige Entwicklung in Ägypten, der Region und der ganzen Welt.«

Die Sekem-Gemeinschaft baut auf Gleichheit und Respekt. Jeden Morgen versammeln sich die Mitarbeiter aller Sekem-Firmen – vom Bauern bis zum Manager – in Kreisen: Ein Symbol für die Gleichheit untereinander und die Ganzheit der gemeinsamen Vision.

Das pulsierende Netzwerk der Sekem-Gemeinschaft braucht, wie jeder lebendige Organismus, funktionsfähige Organe: soziale Institutionen, die Rechte sichern und Verantwortung einfordern, Organisationen, die Regeln setzen, um Gleichheit zu garantieren. Soziale und rechtliche Strukturen, in denen der einzelne fähig wird, seine eigene Würde zu erkennen und sich selbst zu helfen.

Wirtschaftliches Wachstum und die Förderung moderner Kulturimpulse gehen bei Sekem Hand in Hand. Gewinne aus fairem Wirtschaften werden investiert, um kulturelle Entwicklung und soziale Einrichtungen zu finanzieren. Die *Sekem Development Foundation* ist der gemeinnützige Träger der sozialen Einrichtungen für Erziehung, Ausbildung, Gesundheit und Forschung.

Sekem folgt dem Prinzip: Lernen durch Tun. Durch kontinuierliche professionelle Weiterbildung und die Teilnahme an Kursen in künstlerischen Fächern haben alle Mitarbeiter die Möglichkeit, sich fachlich und persönlich weiterzuentwickeln. 1989 eröffneten wir die Sekem-Schule, 2012 die Heliopolis-Universität. Die Kinder üben sich im Sekem-Kindergarten im freien kreativen Spiel. Die Sekem-Schule fördert ihre Lern- und Arbeitskompetenz, die später im Gymnasium und in der Sekem-Berufsschule weiter ausgebaut wird.

Pflegebedürftige Kinder und Erwachsene werden in den Farmbetrieb integriert und entsprechend ihren Fähigkeiten gefördert. Kamillenkinder – das sind Kinder, die bedingt durch ihre soziale Lage keine Schule besuchen können – übernehmen in Teilzeit leichte Arbeiten auf der Farm wie die Ernte von Kamillenblüten, wodurch sie ihre Familien unterstützen können. Sie nehmen gleichzeitig an einem besonderen Programm teil, das ihnen

Sekem machte biologisch-dynamische Landwirtschaft in Ägypten populär.

eine schulische Grundausbildung ermöglicht, die sie zu einem Schulabschluss und in eine Berufsausbildung führt.

In Kooperation mit lokalen und internationalen Partnerorganisationen lehrt und forscht unsere *Heliopolis-Akademie für nachhaltige Entwicklung* in den Gebieten Kunst, Medizin, Pharmazie, biologisch-dynamische Landwirtschaft, Wirtschaft, Sozialwissenschaft und Technologie. Interdisziplinäre Forschungsteams arbeiten daran, die landwirtschaftlichen Methoden zu verbessern, neue Produkte für die Sekem-Firmen zu entwickeln und globale Technologien auf die lokalen Bedingungen anzupassen.

Ein ökologisch nachhaltiges Gemeinwesen braucht eine gesunde Umwelt und gesunde Menschen. Heute versorgt das *Sekem Medical Centre* die Mitarbeiter sowie rund 40.000 Menschen in der Umgebung medizinisch. Fachärzte arbeiten mit modernster Diagnosetechnik und Therapie und wenden auch Naturheilmittel an.

Wir alle waren so mit Arbeit eingedeckt, dass wir 2011 vom ägyptischen Aufstand völlig überrascht wurden. Durch falsche Anschuldigungen kam mein Sohn Helmy in Untersuchungshaft und wurde auf einen Schlag, wie er rückblickend schilderte, innerlich ganz still. 100 Tage lebte er ohne Telefon und Termine. Gleich zu Beginn der Untersuchungshaft war ihm klar, dass diese Zeit eine große Chance für einen persönlichen Neuanfang bedeuten würde. Er wurde freigesprochen und konzentriert sich seither auf die Entwicklungsaufgaben in Sekem. Diese schweren persönlichen Prüfungen in einer Zeit nationaler Krisen haben zu einer enormen Weiterentwicklung geführt, persönlich wie auch für Sekem. Viele Mitarbeiter sind an den Aufgaben gewachsen. Aber auch die Vision wurde geprüft – man bedenke, dass in den drei Jahren der Revolution rund zwei Drittel aller ägyptischen Unternehmen zugrundegingen. Sekem hat standgehalten! Das ist das Wunder dieser Zeit.

Ich sehe, dass meine Vision der nachhaltigen Entwicklung inzwischen auf nationaler Ebene angekommen ist. Heute werden von der ägyptischen Regierung große Landerschließungsprojekte in bisherigen Wüstengebieten durchgeführt. Dörfer entstehen, damit Menschen neue Gemeinschaften gründen.

Die Erfahrungen der Sekem-Pädagogik geben Impulse für diese Projekte und haben zunehmend Einfluss auf die Lehrplangestaltung und Lehrerbildung.

Lasst uns zusammenfinden und echte Gemeinschaften bilden! Man ist nicht tüchtig allein! Das wäre eine Illusion. Sekem ist aus Begegnungen entstanden. Ich bin Allah dankbar dafür, dass ich Sekem realisieren konnte. Sehr dankbar bin ich den Kollegen und Freunden, die mich begleitet haben. Meine Hoffnung ist es, dass junge Menschen sich in der Heliopolis-Universität so entwickeln, dass sie die Aktivisten der Zukunft werden, die nachhaltige Entwicklung tragen und somit die Welt verändern.

Mehr: www.sekem.com

99

In der Solution Library – solution.ecovillage.org:
Herbal teas and medicine
New methods of grafting

Gemeinschaftlich gegen Wüstenbildung und Armut in Togo

Der tanzende Wald –
Intellektuelle gegen Landflucht

Natoun, Togo

 *Eine Fraueninitiative, eine autonome Schule für organische
Landwirtschaft und .konomie, Aufforstungs- und
Wasserprojekte haben dem Ökodorf Natoun Wohlstand
eingehaucht. Angesichts der massiven Landflucht des
Kontinents, die jedes Jahr 17 Millionen Afrikaner in die
Städte treibt, ist es ein Beispielprojekt. Mitgründerin
Tiyéda Abalah berichtet.*

Afrika wird selbständig, wenn die Intellektuellen des Kontinents sich wieder mit ihren Wurzeln verbinden. Wenn Akademiker – statt einen gut bezahlten Stadtjob anzunehmen – das Leben der Menschen in ihren Heimatdörfern teilen und verbessern. Als mein Mann und ich nach Baga kamen, war es ein sterbendes Dorf am Rande der Wüste. Die Böden brachten jedes Jahr weniger hervor, seine Einwohner verließen die Heimat. Frauen hatten im Dorf nichts zu sagen. Das hat sich von Grund auf geändert. Bagas Frauen haben gelernt, ihr Schicksal in die eigenen Hände zu nehmen. Das Dorf blüht auf.

Ich habe schon früh erfahren, wie wichtig die Selbständigkeit von Frauen ist. Als Kind tat ich alles, um der Zweitfrau meines Vaters zu gefallen, damit sie mich nicht herumschubste, wenn meine Mutter auf Reisen war. Eine Strategie war es, Geschichten zu erzählen. Diese Fähigkeit kam mir schließlich zugute. Ich lernte in Ghana englisch, begegnete dort meinem späteren Mann Séda und folgte ihm schließlich nach Frankreich. Ich studierte schwarze amerikanische Literatur, er internationales Recht. Wir heirateten und bekamen zwei Kinder. Séda erwarb einen Doktorgrad, wurde aber nicht glücklich.

Das änderte sich auch nicht, als wir nach Togo zurückkehrten. Büroarbeit war ihm zu lebensfremd. Die Jahre in Frankreich hatten das Heimweh nach seinem Dorf geweckt. Er wollte wieder Erde in seinen Händen spüren. Er wollte seiner Familie und den Nachbarn zeigen, dass ein würdevolles Leben auf dem Land möglich ist.

Doch Baga war nicht mehr das Dorf seiner Kindheit. Grundstücke, die damals reiche Ernte getragen hatten, lagen verwaist und verwüstet, Wälder und Flüsse waren verschwunden, aus Höfen Ruinen geworden. Die Wüste schien das Dorf zu verschlingen. Wer im Leben etwas erreichen wollte, zog in die Städte.

Bagas Bewohner empfingen uns keineswegs mit offenen Armen. Unsere Entscheidung befremdete sie. Sie wollten uns lieber in der Stadt sehen und stolz auf uns sein. Doch wir ließen uns nicht beirren und erwarben einige Morgen Land. Ich schwöre, es war das schlechteste Land des ganzen Dorfes, knochentrocken in den sieben Monaten ohne Regen: Noch nicht mal dürre Büsche wollten

Séda Abalah, Tiyédas Mann, war die treibende Kraft, aufs Land zurück zu gehen.

hier wachsen. Doch genau das wollten wir: den Menschen zeigen, wie man auch auf ärmsten Böden Reichtum und Fülle erzeugen kann.

Zunächst arbeiteten wir allein, um das Land urbar zu machen. Wir pflügten den Boden mit Ochsen, säten Getreide, legten Gärten mit Obstbäumen und Gräben für die Bewässerung an, nutzten den Dung von Kühen und Ziegen, mulchten. Wir führten organische Anbauweisen ein in einer Umgebung, in der die Bauern seit Jahrzehnten zum Gebrauch von Kunstdüngern und zu Monokulturen gedrängt wurden. Es war harte Arbeit. Die Frauen der Nachbarschaft konnten das nicht lange mit ansehen, und begannen, uns zu helfen. Das war der Anfang einer Kooperation, die bis heute anhält.

Die Situation der Frauen

Afrikanische Frauen auf dem Land sind am stärksten von Armut und Klimawandel betroffen. Viele Männer denken, Kinder sind Sache der Mütter. Viele können Armut, Hunger und jammernde Kinder nicht ertragen und verschwinden in die Städte zum Arbeiten. So bleiben Frauen allein mit der Aufgabe, die Kinder sattzubekommen. Wir vermitteln ihnen Wissen, das ihnen das Leben erleichtert.

Aber auch wir lernen viel von den Frauen. Sie zeigen uns ihre traditionellen Rituale, Tänze und Gesänge, die ihre Arbeit seit Ewigkeiten begleitet haben. Das sind die kulturellen Wurzeln des Landes. Es ist uns sehr wichtig, dass wir das gewachsene Wissen und die Kultur nicht durch Modernisierung verdrängen, sondern beides verbinden. Es sind ja auch unsere Wurzeln, und wenn man die abschneidet, nimmt man den Menschen das Selbstbewusstsein, sie werden lenkbar und regierbar.

Wir eröffneten eine eigene Schule für organische Landwirtschaft, Buchhaltung und Verwaltung und stellten Lehrer ein. Frauen, Männer, Jugendliche aus der ganzen Region haben die Ausbildung bereits durchlaufen. Das Curriculum erstellten wir gemeinsam mit den Dorfbewohnern. Die Schüler lernen 70 % Praxis und 30 % Theorie. Das letzte Ausbildungsjahr besteht darin, dass sie zurück in ihre Familien gehen, von ihnen ein Stück Land erhalten und es so bewirtschaften, wie sie es in der Schule gelernt haben, unter Mithilfe ihrer Lehrer. Läuft das gut, haben sie die Aufgabe, Nachbarn zu beraten und zu unterstützen. Auf diese Weise haben wir eine gute Chance, dass die Absolventen mit ihrem Abschluss nicht in die Städte verschwinden, sondern die Wiederbelebung ihrer Dörfer unterstützen. Inzwischen arbeitet die Regierung von Togo, die uns anfangs eher misstrauisch gegenüberstand,

Vor allem Frauen profitieren vom Ökodorf.

nach unserem Vorbild im ganzen Land. Seit 2009 haben wir die Leitung der Schule und des Zentrums jüngeren Leuten überlassen und haben mit dem Aufbau unseres Ökodorfes begonnen: Natoun.

Die Häuser von Natoun sind im traditionellen Stil gebaut, mit Baustoffen, die von hier stammen. Eines ist ein Gästehaus für Stadtbewohner, Studenten, Besucher aus dem Netzwerk. Zwei weitere dienen als Werkstätten und Trockenraum für Ernteprodukte und lokales Saatgut. Dieses Saatgut ist an die trockenen Bedingungen angepasst, und es ist sehr wichtig, es zu bewahren.

Wasser bleibt ein Schlüsselthema für Togo und ganz Afrika. In Baga dauert die Trockenzeit sieben Monate. Ohne geeignetes dezentrales Wassermanagement sind das verlorene Monate, in denen nichts wächst. Das wollen wir ändern. Es fällt genug Regenwasser. Wir haben die ersten drei Regenwasserteiche angelegt und rundum Obstbäume gepflanzt, die gut gedeihen.

Kraftaneignung durch Wissen

Die Frauen, die bei uns mitarbeiten, wenden das Gelernte auch zu Hause an. Der Erfolg macht sie selbstbewusst. In der Dorfversammlung war es früher so: Männer reden, Frauen hören zu. Es war ihnen zwar nicht verboten zu sprechen, aber die meisten Frauen fanden sich nicht würdig, außerhalb ihres Hauses die Stimme zu erheben.

Eines Tages palaverten die Männer über die Wüstenbildung und darüber, dass alles immer schlechter würde und man nichts dagegen tun könnte. Da geschah es: Eine Frau widersprach. Sie erklärte, dass, wenn Büsche und Bäume auf dem Feld stehen, deren Blätter Schatten werfen und neuen Mutterboden bilden. Es entsteht fruchtbare Erde, und die Hirse wächst wieder.

Erstauntes Schweigen. Einige Männer schauten missbilligend, andere neugierig. Immerhin, die Frau sah nicht abgehärmt aus, ihre Kinder wohlgenährt. Man erkundigte sich: Wer ist sie, zu welchem Mann gehört sie, und wo hat sie das gelernt? Ihr eigener Mann war auf einmal stolz auf sie. Er blieb öfter zu Hause und half mit in Feld und Garten. Und so sprach sich herum, dass die Frauen bei uns etwas Sinnvolles lernten; mehr Frauen wollten mitmachen, und das Projekt wuchs.

Die Frauen in Baga arbeiten so erfolgreich, dass sie von ihrer Ernte etwas verkaufen können. Doch sie stießen auf weitere Benachteiligung: Die Preispolitik der Händler. Wenn das Getreide reif war und die Frauen es verkaufen wollten, gingen die Preise in den Keller, denn die Händler wussten, dass die Frauen das Geld sofort brauchten. Gingen die Frauen darauf ein und wollten Geräte, Saatgut oder andere Dinge kaufen, stiegen die Preise enorm. Allein hatten sie keine Chance. Sie schlossen sich zusammen. Gemeinsam treten sie für ihre Rechte ein, im Dorfrat und überall. Sie begannen, ihre Waren direkt in den Märkten der Umgebung anzubieten und bauten dafür schattenspendende Marktstände. Als der Bürgermeister diese nicht genehmigen wollte, blockierten sie dessen Büro, bis er es schließlich doch tat.

Eine Lösung gegen die Abhängigkeit von den Händlerpreisen ist die von uns gegründete Dorfbank. Das System ist einfach, aber wirkungsvoll. Für einen kleinen Obolus als Verwaltungsaufwand kann jeder Einwohner Mitglied werden, sein Geld zur Dorfbank tragen und jederzeit abholen. So können die Frauen dann verkaufen oder kaufen, wenn die Preise günstig sind. Sie unterstützen sich gegenseitig, wenn eine von ihnen Hilfe braucht. Mit Mikrokrediten hat das nichts zu tun, die Frauen bleiben schuldenfrei. Einige heben ihr Geld dann ab, wenn Sojabohnen günstig sind, und produzieren Soja-Käse, den sie auf dem Markt verkaufen. Den Gewinn zahlen sie wieder ein. Oder sie kaufen Nüsse und Öle, mit denen sie organische Seife herstellen. Marmelade, Trockenfrüchte – es gibt immer mehr Produkte, die

In der Landwirtschaftsschule

die Frauen auf den umliegenden Märkten anbieten. Schließlich entließ die Armut das Dorf aus ihren Klauen.

Ich glaube, dass lokale Veränderungen globale Auswirkungen haben, denn Erfolg ist ansteckend. Die Frauen von Baga sind wohlhabender, das Land fruchtbarer geworden. Das spricht sich herum, andere ahmen es nach, auch in Natoun. Es gibt keinen Grund, warum sich das nicht auf das ganze Land übertragen sollte. Eine aktive Dorfgemeinschaft mit gesunden Traditionen und Wissen über nachhaltiges Wirtschaften kann eine ganze Revolution in Gang bringen. Die ganze Menschheit braucht solche Beispiele – wir versuchen, sie zu geben.

Mehr: www.thedancingforest.com

In der Solution Library – solution.ecovillage.org:
Farmers' Bank
Agricultural School

Ein kahler Schulhof in Malawi...

Ubuntu – Ich bin, weil du bist

Grüne Schulen, Malawi und Zimbabwe

Mugove Walter Nyika, Permakultur-Lehrer in Malawi und Mitglied des GEN-Afrika-Councils, stammt aus Zimbabwe und leitet das Programm »Regional Schools and Colleges Permaculture« oder kurz ReSCOPE. Er berichtet über die ursprüngliche Fülle der afrikanischen Natur und warum deren Zerstörung im Kopf stattfand.

...verwandelt sich innerhalb eines Jahres in einen Wildgarten.

Der Name, den meine Eltern mir gaben, ist Mugove, das heißt Geschenk.

Ich wuchs bei meinen Großeltern in einem Dorf 200 km südlich unserer Hauptstadt Harare auf. Von klein auf lernte ich von meinem Großvater, Bäume zu pflanzen und Samen in die Erde zu stecken. An heiligen Orten war es tabu, Bäume zu fällen. Wenn die Bauern das Land vorbereiteten, ließen sie immer die Obstbäume stehen, sogar wenn sie mitten im Garten waren. Wenn sie ihre Gärten einzäunen wollten, benutzen sie die Bäume und Büsche als lebendige Zäune. So waren die Felder immer bedeckt, entweder mit Bäumen, Gras und Blättern oder mit einer großen Vielfalt an Feldfrüchten.

Wenn ich als Kind einschlief, legte meine Großmutter mich in den Schatten eines Baumes, der oft Früchte trug und auf ihrem Land wuchs. Sie war eine Kleinbäuerin wie die meisten afrikanischen Frauen. Auf ihren wenigen hundert Quadratmetern pflanzte sie Hirse, Mais, Süßkartoffeln, Gurken,

Kürbis, Kichererbsen, Erdnüsse, dazu 30 Arten von Gemüse, von denen viele von selbst wuchsen. Sie wusste, welche Pflanzen man mit anderen so kombinieren musste, dass sie sich gegenseitig im Wachstum unterstützten. Ich kann mich nicht erinnern, als Kind jemals hungrig gewesen zu sein. Wir waren auch niemals krank oder hatten Mangelerscheinungen.

Fülle in der Wildnis

Als Jungen waren wir jeden Tag mit den Kühen des Dorfes unterwegs. Morgens gingen wir mit ihnen auf die Weide. Wir nahmen nie etwas zu essen mit. Die Landschaft versorgte uns täglich, von Januar bis Dezember, mit wilden Früchten und Nüssen. Am Nachmittag, wenn die Rinder ausruhten, jagten wir kleine Tiere oder fingen Fische im Fluss, der ganzjährig Wasser führte; wir brieten und aßen sie gleich draußen. Wenn wir am Abend heimkamen, waren wir müde, weil wir 30 km oder mehr gewandert waren, aber wir waren niemals hungrig. Die Natur hatte uns immer versorgt. Zu Hause oder im Wald tranken wir klares Quellwasser. Die Flüsse und Bäche strömten während des ganzen Jahres, sie hatten kristallklares Wasser und große Bassins mit vielen Fischen und anderen Wassertieren.

Ich ging zur Schule, wurde Lehrer und zog nach Harare. Wenn ich heute mein Heimatdorf besuche, dann sehe ich, wie viel sich verändert hat. Ob ich nach rechts oder links schaue, ich sehe Maisfelder bis zum Horizont. Meistens sind sie mager, die Blätter gelb durch Stickstoffmangel und welk, da die Böden, ihres Humus beraubt, das Wasser nicht mehr halten. Die Landschaft ist kahl, weil die Bäume abgeholzt wurden, sie waren der modernen Landwirtschaft im Weg. Die große Vielfalt an Pflanzen und Tieren ist verschwunden – vernichtet durch die Zerstörung des Ökosystems, wenn das Land für den Intensivanbau planiert wird, oder durch den exzessiven Gebrauch von Kunstdünger und Pestiziden. Die Regierung von Malawi gibt heute 20 % ihres Budgets für den landwirtschaftlichen Entwicklungsfonds aus und damit vor allem für Agrarchemie. In Zimbabwe wie in ganz Ostafrika wird der Maisanbau als Schlüssel für die Nahrungsmittelsicherheit betrachtet. Aber das führt zu schweren Problemen, sowohl bei den Böden als auch bei den Menschen. Die Flüsse und Bäche sind ausgetrocknet, und wo ich als Junge noch Fische gefangen habe, gibt es nur noch Sand. Ich kann meinen Kindern kein natürliches Wasserbecken mehr zeigen. Das haben Monokultur, Agrochemie und Erosion mit dem Land und den Menschen gemacht.

Als Lehrer sehe ich neun von zehn Kindern ohne Frühstück zur Schule kommen. Die meisten leben von einer 0-0-1-Diät: Kein Frühstück, kein Mittagessen und zum Abendessen nur Maisbrei. Und dann gibt es den versteckten Hunger: Es gibt Kinder, die vielleicht ausreichende Mengen an Nahrung bekommen, aber nur Weißmehl, Mais, Weizen oder Reis – sieben Tage die Woche während des ganzen Jahres. Man überlebt, aber es führt zu dauerhaften Gesundheitsschäden.

Das gilt vor allem während der Trockenzeit. Wir haben vier Monate Regen, aber ohne Regenwasserretention und aufgrund der hohen Erosion durch den Verlust an Bäumen ist während des restlichen Jahres in der Natur alles tot.

Seelische Auswirkungen der Kolonialisierung

Was Kolonialisierung und Globalisierung dem Land angetan haben, ist schlimm. Aber was sie den Menschen angetan haben, ist noch schlimmer. Afrikaner haben immer gehört: Was ihr von euren Vorfahren gelernt habt, ist rückständig.

Was bringt den normalen Afrikaner dazu, trotz der Armut hart zu arbeiten? Es ist der Traum, dass er eines Tages dasselbe hat wie ein durchschnittlicher Amerikaner: ein eigenes Haus, einen Plasmafernseher und ein schnelles Auto.

Viele Afrikaner haben eine schlechte Lektion gut gelernt: Fortschritt muss in ihren Augen kompliziert und teuer sein – leichte und natürliche Lösungen verachten sie, denn die kannten schon die Vorfahren.

Mädchen lassen sich mit gefährlichen Chemikalien die Haut bleichen und die Haare glätten.

Und dann der Sauberkeitswahn! Wenn es hell wird, sind die Dörfer und Townships in Staubwolken gehüllt: Eine gute afrikanische Frau steht vor Sonnenaufgang auf und fegt das ganze Grundstück sauber. Dasselbe tun die Kinder während der ersten Schulstunde. Diese Gewohnheit des Fegens, dieser Zwang

Lebensmittel und Saatgut im Schulhof erhöhen die Lebensmittelsicherheit.

zu Sauberkeit und Ordnung stammt vom Gefühl, nicht sauber genug zu sein und ist zu einem großen Problem geworden. Zusammen mit der Erosion zerstört es den Mutterboden. Organischer Abfall, Blätter, Papier, Holz werden verbrannt. Das ist der organische Dünger, der uns im Garten fehlt. Wir verbrennen unseren natürlichen Dünger und kaufen Kunstdünger aus Europa!

Darüber hinaus glauben die afrikanischen Gemeinden, sie seien arm. Von den einstigen Kolonialherren bis zu den Entwicklungshilfe-Organisationen haben sie das Etikett »Armut« angehängt bekommen. Folgsam zählen sie immer wieder ihre vielen Probleme auf. An ihren Reichtum denken sie nie. Für mich ist es klar, dass Afrika der reichste Kontinent ist. Wir sitzen auf einer Goldmine. Die Fruchtbarkeit, das Klima, die immer noch vorhandene biologische Vielfalt und das traditionelle Wissen können uns mit allem versorgen, was wir brauchen. Aber wir müssen lernen, es in der richtigen Weise zusammenzufügen.

Wenn ich mit meinen Kindern, einem Jungen und einem Mädchen, in mein Dorf gehe, bin ich sehr traurig, dass sie nicht dieselbe Fülle genießen können, die ich in meiner Kindheit erfahren habe. Ich kann ihnen keine einzige der 30 verschiedenen Wildfrüchte und Gemüse zeigen, von denen ich mich in der Kindheit ernährt habe.

Lernen in Kreisläufen

1996 besuchte ich das *Fambidzanai Permakultur-Zentrum* bei Harare – und das veränderte mein Leben. Permakultur bringt die Dinge zusammen, die im modernen Leben auseinandergerissen wurden: leben, lehren, Lebensmittel anbauen, verarbeiten, Handel treiben. Wenn die Dinge nicht mehr getrennt sind, unterstützen sie sich gegenseitig. Sie bilden Kreisläufe. Das war für mich wie nach Hause kommen: Permakultur passt viel besser zum afrikanischen Lebensstil, zum Land und zu den Menschen als die industrialisierte Agrarwirtschaft.

Ich habe meine Stellung als Lehrer aufgegeben und helfe heute Schulen in Zimbabwe, Malawi und anderen Ländern Afrikas, ihre kahlen Schulhöfe in essbare Wildnis zu verwandeln. In Zimbabwe hat jede Schule mindestens 4,5 acres (ca. 1,8 ha) Land. Die Menschen sind erstaunt, wie leicht und schnell man kahlen Boden in einen Fruchtwald verwandeln kann, der die Kinder ernährt – in Vielfalt und Fülle. Das erste ist, die Gewohnheit des Fegens und das Verbrennen von Laub aufzugeben, sondern die Biomasse zu bewahren, sogar noch mehr Gartenabfälle und andere organische Abfälle zu sammeln, um den Boden zu bedecken. In Afrika verrottet alles sehr schnell, es entsteht neue Muttererde, in die wir die Samen stecken können. Manche Bäume wachsen 1,5 m im Jahr. Das begeistert und überzeugt die Kinder.

Es gibt genug Regenwasser: 800 mm Jahresdurchschnitt an den meisten Orten. Aber wir müssen das Wasser auffangen und nicht einfach abfließen lassen. Wir bauen *Swales* – das sind Gräben entlang der Höhenlinien, die dem Wasser Zeit geben, in den Erdboden einzusickern. Wenn die Böden feucht sind, haben die Gärten ganzjährig genug Wasser.

Das Schwierigste ist, die schlechten Gewohnheiten zu verlernen und die falschen Denkmuster zu verändern. Zum Beispiel den Sauberkeitswahn: Erde oder Biomasse sind kein Dreck, sondern das, wovon wir leben. Die Menschen müssen verstehen, wie reich sie sind, dann verstehen sie, dass es nicht viel Arbeit ist, einen Garten anzulegen.

Es gibt trotz allem Hoffnung für die Zukunft. Afrika hat das Potential, der Welt eine Orientierung zu geben, wie man sich mit dem einen Öko-system, das wir mit allen teilen, wiederverbindet. Es gibt immer noch Sinn für Gemeinschaft und gegenseitige Hilfe, der Geist von Ubuntu: Ich bin, weil du bist. Die Verbindung mit dem Land ist noch lebendig auf dem Kontinent. Ich habe die Freude, mit vielen Schulen zu arbeiten und zu zeigen, dass eine andere Welt nicht nur möglich ist, sondern uns sogar eine bessere Lebensqualität beschert.

Von den vielen Ausbildungen, die ich machen konnte, haben der Perma-kultur-Design-Kurs und der Ecovillage-Design-Kurs mein Leben am meisten verändert. Mit diesen beiden wunderbaren Werkzeugen arbeite ich in Schulen, Gemeinden und Ökodörfern für eine bessere Zukunft für alle. Durch diese Arbeit bin ich Teil des Teams, das die afrikanischen Gemeinden zum Global Ecovillage Network Africa (GEN-Africa) verbindet. Ich bin sicher, dass nicht alles verloren ist für meine Kinder und die Generationen, die nach uns kommen.

Mehr: www.seedingschools.org

In der Solution Library – solution.ecovillage.org:
Swales
Turning school yards into fruit forests

Dreizehn Jahre lang zeigte die »Caravana« Dörfern, Kleinbauern, Jugendlichen Grundtechniken einer nachhaltigen Lebensweise.

Dreizehn Jahre durch Lateinamerika

La Caravana, Huehuecóyotl, Mexiko

La Caravana war eine Bus-Karawane, fahrende Schule und reisende Gemeinschaft, die dreizehn Jahre lang abgelegene Dörfer, Eingeborenenstämme und Favelas in siebzehn Ländern Lateinamerikas besuchte. Sie knüpfte ein Netzwerk, das Hoffnung und Veränderung verbreitet. Initiiert wurde La Caravana von Alberto Ruz Buenfil, der von seinen Freunden Coyote Alberto genannt wird.

Ich wurde am 11. September 1945 in Mexico City geboren. Ab 1963 habe ich Aufstände im globalen Süden unterstützt, protestierte gegen den Vietnamkrieg und kämpfte für die Bürgerrechte der Schwarzen in den USA. 1968 wurde mir klar, dass mein politischer Weg nicht aus Militanz und Kampf bestehen sollte, sondern aus dem Aufbau von Gemeinschaften und Modellen für ein anderes Leben. Das würde uns die Möglichkeit geben, gemeinsam an den Veränderungen zu arbeiten, die von so vielen sozialen Bewegungen aufgeschoben wurden bis »nach der Revolution«.

Mit dieser Idee reiste ich durch die Welt – zunächst nur mit meiner Partnerin, dann kamen immer mehr Freunde hinzu und später auch unsere Kinder, die unterwegs geboren wurden. Wir besuchten Gemeinschaftsprojekte: Landkommunen, Ashrams, besetzte Häuser, Kibbutzim, kollektiv geführte Biohöfe und traditionelle Stämme verschiedener Kulturen, um von ihren Beispielen zu lernen. Auf dieser Reise wurden wir selber eine internationale Großfamilie von Nomaden – ein Stamm. Nach vielen Jahren des Reisens ließen wir uns in Mexiko nieder und wurden zu einer experimentellen Gemeinschaft, die sich langsam zu einem Ökodorf und einem Erfahrungs- und Lernzentrum entwickelte. Es trägt den Namen *Huehuecóyotl*.

113

»Coyote« Alberto Ruz

Start der Regenbogen-Karawane

Nach 13 Jahren, im Jahre 1995, hatte ich die Vision, wieder eine Noma-dengemeinschaft zu gründen, um alles, was wir während der Zeit gelernt hatten, in die Welt zu tragen. Und so wurde *Caravana Arcoíris por la Paz*, die Regenbogen-Friedens-Karawane, geboren.

Ich gab mir selbst das Versprechen, von Mexiko bis *Tierra del Fuego* in Argentinien zu reisen und den ganzen lateinamerikanischen Kontinent – *Abya Yala* wie die einheimischen *Kuna* ihn nennen – zu durchqueren. Das würde mehr oder weniger ein Jahr in Anspruch nehmen. Doch natürlich kam es anders – wie zu erwarten. Unsere reisende Gemeinschaft wurde eines der am längsten andauernden Nomadenprojekte in der Geschichte Lateinamerikas. Wir reisten dreizehn Jahre, von 1996 bis 2009, und durch-querten siebzehn Länder in Mittel- und Südamerika. Die Teilnehmer wech-selten, insgesamt waren über 450 Menschen verschiedenen Alters aus 35 Ländern dabei.

La Caravana war ein Labor und ein lebendiger Organismus, der sich durch die durchreisten Länder und die durchlebten Abenteuer ständig ver-änderte. Wir waren bei der ersten interkontinentalen Zusammenkunft der Zapatista-Bewegung in Mexiko dabei. Wir arbeiteten mit Gemeinschaften in den Bergen Kolumbiens, die von Guerillas besetzt waren. Wir durch-querten den Regenwald des Amazonas in Brasilien und Peru. Wir gaben Theaterworkshops in Favelas in Brasilien. Wir hielten Vorträge in Hoch-sicherheitsgefängnissen und warteten vierzig Tage darauf, den *Tapón del Darién*, die Lücke der Panamericana in Panama zu überqueren. Wir entwik-kelten Projekte mit beginnenden Netzwerken, organisierten Frauentreffen in Ecuador und Netzwerktreffen von Ökodörfern aus ganz Lateinamerika in Kolumbien – und überall boten wir Permakultur- und Gemeinschafts-workshops an. Wir organisierten *Consejos de Visiones* – visionäre Versamm-lungen mit Hunderten von Menschen in den Anden von Peru und im bra-silianischen Cerrado. Und in allen Ländern halfen wir bei der Gründung von Gemeinschaften und wurden Mitbegründer der Ökodorf-Netzwerke von Chile, Venezuela und Kolumbien.

Unsere Karawane ließ sich in Favelas, in Schulen, auf öffentlichen Plätzen, in Großstädten, im Regenwald, in der Wüste, in den Bergen und Küsten-regionen nieder. Wir legten Keime von Gedanken, praktischem Wissen und Ideen in die Herzen von Menschen, die mit offenen Seelen ihre wahre Heimat suchten und die bereit waren, die notwendigen Veränderungen vorzunehmen, um ihre Lebensqualität, ihre Beziehung zur Natur, zu sich selbst und zu ihren Gemeinschaften zu verbessern.

Wir erhielten Unterstützung von örtlichen Universitäten, Behörden, NGOs, Umweltverbänden, Friedensbewegungen, Stammesältesten, Priestern, Aktivisten, Künstlern und Menschen aller sozialen Gruppierungen. Fremdenverkehrs-, Umwelt- und Kultusminister gaben uns ihren Schutz, und manchmal auch Guerillaorganisationen oder Armeen.

Arbeitsteilung und Organisation

Wie viele andere intentionale Gemeinschaften organisierte sich *La Caravana* nach dem Prinzip der gemeinschaftlichen Selbstverwaltung bei allen Arbeiten – von der Organisation der Aufführungen bis zum Navigieren der Fahrzeuge durch unwegsame Landschaften. Einige kümmerten sich um die rechtlichen Aspekte, andere um die Technik. Einige nähten Kostüme, andere schrieben Lieder, und fast immer tat jeder von allem etwas. Wir waren ein Regenbogen aus Künstlern, Ökologen, Schreinern, Mechanikern, Köchen, Erziehern, Schriftstellern, Friedenshütern und was immer unterwegs gebraucht wurde. Wir teilten die Arbeiten wie Kochen und Putzen auf, versammelten uns täglich und praktizierten eine gemeinsame Ökonomie mit dem, was wir durch die Veranstaltungen erwirtschafteten.

Neben den wunderbaren Zeiten gab es auch schwere und dramatische Momente: Autounfälle, ernsthafte Erkrankungen, extreme Temperaturen, Zeiten, wo wir fast oder gar kein Geld hatten, Zeiten, während derer wir in Guerilla- und Paramilitärzonen lebten, Nächte in Slums, Visaprobleme und innere Turbulenzen. Zu manchen Zeiten waren wir 35, und manchmal waren wir nur fünf.

Manche Situationen brauchten eine sofortige Lösung, ohne Stunden, Tage oder Wochen damit zu verbringen, einen Konsens zu finden. Das tägliche Zusammenleben auf kleinstem Raum in einem sich ständig verändernden Umfeld verlangte von uns, nie länger als eine Nacht an Konflikten festzuhalten. Wir lernten also, schnell zu Lösungen zu kommen: Sprechstab-Runden, tiefes Zuhören und brüderliche/schwesterliche Verbundenheit waren die besten Werkzeuge, unsere Konflikte während der Tour zu lösen. Unsere schriftlich festgehaltenen Gruppenvereinbarungen und Werte spielten eine Schlüsselfunktion, um immer wieder unser Gleichgewicht zu finden und uns sowohl dem kollektiven Traum als auch den persönlichen Träumen anzunähern.

In den dreizehn Jahren kam es nur fünfmal vor, dass wir Menschen bitten mussten, das Projekt zu verlassen. Es gab nie gewalttätige Vorfälle unter Mitgliedern, und wir sind auch nie von außen angegriffen worden.

La Caravana war ein Katalysator für viele wichtige Schritte in der Gemeinschaftsbewegung in Lateinamerika: Im Jahre 2000 organisierten wir ein ENA-Treffen (Ökodörfer Amerikas) im *Sasardí-Ökodorf* in Kolumbien mitten in einer Konfliktzone zwischen Guerilla und Paramilitär. Bei dieser äußerst erfolgreichen Zusammenkunft schlug ich vor, die ökologischen *Caravanas* als mobile Ökodörfer im Netzwerk anzuerkennen. Es wurde einstimmig angenommen, und seither entstehen im GEN-Netzwerk weitere Öko-Caravanas.

2003 beriefen wir mit Hilfe von GEN den *Ruf des Condors* ein, eine Veranstaltung mit 800 Menschen aus 34 Ländern bei Machu Picchu in Peru. Und 2005 brachte *La Caravana* Hunderte von Teilnehmern zur Versammlung *Ruf des Kolibris* in Chapada dos Veadeiros zusammen.

Teil eines Regierungsprogramms

2005 gelangte mein Buch *Hay tantos Caminos* (Es gibt viele Wege) über unsere Odyssee in die Hände von Gilberto Gil, dem brasilianischen Musiker und Sozialaktivisten, der damals Kultusminister war. Er lud uns persönlich zur Mitarbeit ein, und wir wurden zur *Karawane Lebendiger Kultur*, gefördert vom brasilianischen Staat. Wir wirkten vier Jahre lang bei mehr als hundert Kultur- bzw. Gemeinschaftsveranstaltungen in ganz Brasilien mit und arbeiteten in Gemeinschaften, *Quilombos* (Afrobrasilianischen Gemeinschaften), Favelas und allen möglichen Initiativen, die durch dieses außergewöhnliche Regierungsprogramm anerkannt waren.

Während all dieser Abstecher vergaß ich nie mein Versprechen, bis nach *Tierra de Fuego* in Argentinien zu reisen. Wir erreichten es schließlich neun Jahre nach

Das Theater im Ökodorf Huehuecoyotl in Mexiko

unserem Aufbruch. Wir beendeten unsere Reise dann mit dem Bau eines vorläufigen Friedensdorfes mit Hunderten von Teilnehmern im *World Social Forum* in Belem de Para im Amazonas von Brasilien im Jahre 2009. Genau dreizehn Jahre nachdem wir aufgebrochen waren, war es an der Zeit, wieder nach Mexico zurückzukehren.

La Caravana war eines der erfolgreichsten Projekte, die ich je mitgestaltet habe. Viele Kinder und Jugendliche, die mit uns fuhren, und auch die, die unterwegs geboren wurden, sagten, es sei der beste Abschnitt ihres Lebens gewesen. Immer noch gehen die Samen dieses Projektes überall in Lateinamerika auf. Ich bekomme Nachrichten von Gemeinschaftsprojekten und Netzwerken, die von *La Caravana* inspiriert worden sind. Freiwillige Helfer trugen ihre Erfahrungen weiter in andere Projekte, die meisten sind jetzt Teil des CASA-Netzwerkes (»Council of Sustainable Settlements of the Americas«), dem Ökodorf-Netzwerk in Lateinamerika.

All das wäre nicht möglich gewesen ohne die liebevollen, geduldigen und starken Partner an meiner Seite – in den letzten Jahren Veronica Sacta, ohne die Inspiration meiner Kinder Odín, Ixchel, Mayura und Solkin und ohne meine Brüder und Schwestern, die mir geholfen haben, meinen Traum zu realisieren und ihn mit ihrem eigenen verbunden haben. Wir haben ein großartiges Abenteuer durchlebt.

Die Entschlusskraft einer kleinen Gruppe kann ansteckend wirken. Wenn eine kritische Masse von Menschen dasselbe Ziel hat, können sie Großes erreichen. Dazu müssen wir das neue Paradigma auch im eigenen Leben verwirklichen und weiterhin neue Netzwerke rund um unsere *Pachamama* aufbauen. So werden wir langsam eine Basis schaffen für eine neue Kultur des Friedens, für Nachhaltigkeit und Gerechtigkeit auf regionaler, bioregionaler und globaler Ebene. Wenn wir an dieses Ziel glauben und unser Handeln auf dieses Ziel ausrichten, werden wir als Menschheit eines Tages die Erfüllung dieses utopischen Traumes erleben.

¡Por todas nuestras relaciones! Für all unsere Verwandten!

Mehr: comuntierra.org

In der Solution Library – solution.ecovillage.org:
Consensus
Art, Music and Theatre for Ecological Education

117

Farbenfrohes Fest in der Comuna

Gemeinschaftsaufbau und Widerstand gegen Globalisierung

Comuna Tola Chica, Ecuador

Die Comuna Tola Chica ist eine traditionelle indigene Gemeinde im Tumbaco-Tal in Nord-Ecuador, 60 km von Quito entfernt. Ramiro Azaña, 40, lebt von Kindheit an in Tola Chica.*

* Der Text basiert auf einem Interview mit Ryan Luckey.

Der eigentliche Ursprung unserer Gemeinde liegt im Dunkeln der Vergangenheit, in der Zeit unserer Vorfahren. Das Wort Comuna – das grob übersetzt soviel wie »Gemeinde« bedeutet – hat alte Wurzeln. Die Comunas stammen aus der vorkolonialen indigenen Gesellschaft. Damals gab es kein Privateigentum. Sie nutzten das Land gemeinsam und trafen ihre Entscheidungen gemeinsam, in lokalen und regionalen Gruppen.

Unter der spanischen Kolonialherrschaft wurde uns das meiste Land weggenommen und an Spanier vergeben. Doch einige Comunas konnten sich eine gewisse Autonomie bewahren. Ihre Art der Landverwaltung hat bis heute Bestand. Die Autonomie unserer Comuna in Selbstorganisation und Landnutzung ist inzwischen durch die ecuadorianische Verfassung anerkannt. Durch ein Gesetz von 1937 ist es indigenen Gemeinschaften gestattet, ihre autonomen Gemeinschaftsstrukturen zu erhalten. Die *Comuna Tola Chica* wurde zum ersten Mal im Jahr 1944 offiziell als juristische Person anerkannt, gegründet wurde sie bereits in den 1920er Jahren.

Das Leben in der Comuna

Unsere Comuna ist Heimat von mehr als 60 Familien mit insgesamt rund 400 Mitgliedern. Das Land gehört der Gemeinschaft, und die Entscheidungen werden in einem demokratischen Verfahren getroffen, und zwar durch einen Gemeinderat, der von allen gewählt wird.

Unser Land ist in drei Zonen aufgeteilt: 1) Verwaltung und Bildung, 2) Wohnungen und Hausgärten, 3) Biologische Landwirtschaft und Aufforstung. Die dritte Zone ist die größte, und dort dürfen keine Häuser gebaut werden.

Die Bereiche, für die wir gemeinsam die Verantwortung tragen, sind politische Entscheidungen, Wasserfragen, die landwirtschaftliche Produktion, der Sportplatz, die Gemeinschaftsschule, das Veranstaltungszentrum, Gemeinde-Schulungen und das entstehende Tourismus-Projekt. Weitere Gemeinschafts-Aktivitäten sind zwei Festivals jährlich, an denen die gesamte Gemeinde teilnimmt, sowie zwölf *Mingas* (kollektive Arbeitstage) pro Jahr.

Von Anfang an war die *Minga* entscheidend für unsere Gemeinschaftsentwicklung. Mindestens ein Mitglied jeder Familie muss sich beteiligen, oder die Familie zahlt eine Geldstrafe. Durch unsere *Mingas* erfahren wir Einheit und Zusammengehörigkeit, wir erfahren Gemeinschaft, indem wir gemeinsam am Gedeihen der Gemeinde arbeiten. Zusammen zu arbeiten und zu leben, all die Erfahrungen des Lebens zu teilen und mit unseren

Freunden, Partnern, Kindern und Familien der Comuna Kontinuität zu geben, ist das Abenteuer unseres Lebens. Und da die Comuna wächst, können wir zeigen, dass diese Lebensweise heute noch möglich ist.

Widerstand gegen Globalisierung

Die Geschichte der Comunas in Ecuador ist auch eine Geschichte des Widerstands – in früheren Zeiten gegen die Kolonialisierung und heute gegen unsere Zwangsintegration in die Modernisierung und Urbanisierung der ecuadorianischen Gesellschaft.

Täglich versuchen wir das, was die Globalisierung in unsere Region bringen will, aufzuhalten. Unsere Lebensweise aufrechtzuerhalten, ist ein ständiger Kampf, während die Großstadt (Quito) immer näher heranwächst. Derzeit gibt es für unser Tal zwei Mega-Entwicklungsprojekte: eine neue Autobahn und ein neuer internationaler Flughafen, die viele neue Siedler, Lärm und neue Gesetze bringen werden, wenn sie durchkommen. Wir machen uns also wieder einmal bereit, unser Überleben als Gemeinschaft zu verteidigen.

Von Anfang an haben wir versucht, die Natur zu erhalten, die Umgebung vor der Zerstörung zu schützen und unser Recht zu verteidigen, ein traditionelles Leben auf dem Land und im Einklang mit der Natur zu führen. Wir sind stolz darauf, wer wir sind und wie wir leben, stolz auf unsere Arbeit und die Fähigkeit, die natürliche Umgebung zu beschützen. Unser Wissen und unsere Tradition ermöglichen es uns, so zu leben, dass wir weder die Natur noch andere bekämpfen müssen. Wir sind Bauern und wollten nie etwas anderes, als unsere Umwelt, unsere Samen und unsere Lebensweise zu beschützen.

Ungefähr seit dem Jahr 2000 arbeiten wir verstärkt daran, das uralte Wissen unserer Ahnen mit modernem Wissen und innovativen Lösungen zusammenzubringen.

Wiederaufforstung mit einheimischen Pflanzen

Eines unserer größten Projekte ist die Wiederaufforstung des Landes. Viele Wälder wurden durch Brandstiftung vernichtet, meistens von Nachbarn, die die einheimischen Pflanzen durch Eukalyptus-Plantagen ersetzen und damit Geld machen möchten. In der Vergangenheit haben wir immer wieder solche Brände gelöscht, so dass wir jetzt stets als Brandwächter auf der Hut sind. Wir müssen das Land vor jenen Menschen verteidigen, die nicht

Der Gemeindeälteste der Comuna Tola Chica

verstehen, was Naturschutz bedeutet, und die nicht begreifen, warum wir die einheimischen Bäume pflanzen und schützen.

Wir haben deutlich gemacht, dass wir nicht gegen exotische Arten als solche sind. Gerade Eukalyptus gibt es hier sehr häufig. Aber wir sind gegen große Monokulturen dieser exotischen Arten. Um diesen Konflikt anzusprechen, organisieren wir Workshops und Veranstaltungen und teilen so unsere Erfahrungen zum Thema Aufforstung. Dann lassen wir etwas Zeit verstreichen, und am Ende erkennen die Menschen immer, dass wir recht haben und einheimische Arten dort bewahrt werden sollten, von wo sie stammen.

Wir nutzen unser Wissen, um abgeholzte Flächen wieder zu rekultivieren, und wir setzen einheimische Pflanzen in biologische Korridore. Als Gemeinschaft haben wir 5 Hektar Land bereits komplett aufgeforstet, sieben weitere sind in Arbeit, und wir sind in der Planungsphase für weitere 50 Hektar. Diese Arbeit der Wiederaufforstung ist enorm wichtig, denn wir leben in einer Region, die von schweren Dürren betroffen ist. Wir brauchen Bäume, um das Wasser im Ökosystem zu halten und die Menschen-, Pflanzen- und Tiergemeinschaften zu versorgen.

Ermutigung und Erfahrungsaustausch

Eigentlich bin ich Buchhalter, aber hier verwalte ich die Baumschulen für einheimische Gehölze und die Wiederaufforstungsprojekte. Das war keine große Veränderung für mich, denn ich habe immer auf dem Land gelebt und wusste schon immer viel über die Natur. Ich habe dann irgendwann beschlossen, mein Wissen weiterzugeben, und natürlich habe ich auf diesem Weg auch selbst sehr viel dazugelernt. Die wirkliche Veränderung für mich bestand in der wachsenden Entschlossenheit, die Natur vor den Schäden durch Menschen zu schützen. Wir Menschen mögen intelligente Wesen sein, aber wir nutzen diese Intelligenz nicht gut!

In Zeiten der Krise verspüren wir den Ruf, unser Wissen, wie man harmonisch mit der Natur leben kann, weiterzugeben. Die Veränderungen, die wir zu durchlaufen haben, müssen von innen kommen, nicht als Pflicht. Wir bieten allen Menschen an, zu kommen und unsere Lebensweise kennenzulernen, so dass sie lernen und das Gelernte dann in die Tat umsetzen können. Wir haben Hunderte von Besuchern jedes Jahr, sowohl aus Ecuador als auch internationale.

Es ist für uns wichtig, Teil eines globalen Netzwerkes zu sein. Wenn alles so weiterläuft wie bisher, gibt es kaum Hoffnung. Aber im Netzwerk sehen wir, dass immer mehr Menschen weltweit die Vision eines Lebens teilen, das unsere Erde mit sanften Schritten berührt. Lasst uns also stärker werden! Wenn wir immer mehr werden, erzeugen wir Hoffnung auf eine bessere Welt.

Der Gemeinde-Älteste

Wir leben in den Ausläufern des *Ilalo-Vulkans*, das Land steigt in Kurven und Spalten hinauf, bis es dem Himmel begegnet. Unser Gebiet reicht von 2450 bis 3200 Meter über dem Meeresspiegel.

Ich nehme unsere Besucher gern mit bis hinauf zum Berggipfel, um den Gemeinde-Ältesten zu besuchen. Nach einer kurzen Fahrt über einen schroffen Feldweg halten wir an und blicken auf das *Tumbaco-Tal* hinunter. Die Luft hier oben ist sehr trocken. Die Vegetation ist niedrig und besteht vor allem aus Gräsern. Wir gehen durch ökologisch zerstörte Areale, dann durch jungen, von uns gepflanzten Wald, wo einheimische Pflanzen ihr Reich zurückerobern. Das grüne Meer aus Bäumen, Sträuchern und Ranken bildet einen starken Gegensatz zu den trockenen Wiesen und Feldern der Umgebung.

Dann besuchen wir unseren Ältesten, unseren heiligen Baum. Es
ist ein *Huila-Baum* aus der Familie
der *Arrayan-Gewächse.* Mit Hilfe
der Kohlenstoffmethode haben wir
festgestellt, dass dieser Baum 1814
Jahre alt ist!

Der *Huila* erhebt sich nur wenige Meter über dem Boden, und
auf den ersten Blick ist er nicht sehr
beeindruckend. Aber wer seine Augen schließt und sich auf die subti-

Das Gemeindezentrum, ein Lehmgebäude

leren Energien einstimmt, stellt fest: Dies ist ein weiser und alter Baum. Er
hat Generationen kommen und gehen sehen. Er hat gesehen, wie sich das
darunterliegende Tal entwickelt hat, zunächst langsam und gemächlich und
jetzt mit einer alarmierenden Geschwindigkeit.

Was denkt der *Huila-Baum* über die neue Autobahn, die in seiner Nähe
zum neuen internationalen Flughafen von Quito hin verlaufen soll? Was
denkt er über die Menschen, die die Hänge mit den einheimischen Pflanzen verbrennen, um die kurzfristige kommerzielle Eukalyptus-Produktion
auszuweiten?

Der *Huila* spricht weder Spanisch noch Quechua. Deshalb müssen wir
für ihn sprechen. Wir müssen den Leuten sagen, dass es eine Alternative
zum aktuellen Entwicklungsmodell gibt. Wir können lernen, in Harmonie
mit der Natur und miteinander zu leben und unsere kulturellen Traditionen
am Leben zu erhalten. Wir stehen für eine andere Vision der Gesellschaft,
eine, in der nachhaltige Gemeinschaften die Regel sind und nicht die
»Alternative«.

123

In der Solution Library – solution.ecovillage.org:
Minga - Voluntary Community Work
Collective Land Ownership

Rosarios Inselparadies in der Hand seiner Bewohner

Ausdauer und Gerechtigkeit im Insel-Paradies

Rosario-Inseln, Kolumbien

Nach vielen Jahren des juristischen Kampfes wurde einer afro-kolumbia-nischen Gemeinschaft der Besitz der Rosario-Inseln in der kolumbianischen Karibik zuerkannt. Die Bewohner, Nachfahren einstiger Sklaven, wollen hier ein Ökodorf gründen, um ihr Wissen und ihre Traditionen wiederzubeleben. Ever de la Rosa Morales, der Sprecher der Gemeinschaft, berichtet.

Rund 1.000 Menschen leben auf den 27 kleinen Inseln in der kolumbianischen Karibik. Nach einem Rechtsstreit, der sich über acht Jahre hinzog, und einer langen Geschichte von Ausgrenzung und Diskriminierung wurden wir am 8. Mai 2014 Zeugen eines historischen Ereignisses: Die Regierung von Kolumbien erkannte erstmals eine afro-kolumbianische Gemeinde als Eigentümer der Inseln an, die sie seit Generationen bewohnt.

Unsere Gemeinschaft entstammt der schmerzhaften Geschichte der Sklaverei. Menschen aus ganz Afrika wurden nach Cartagena verschleppt und als Sklaven verkauft. Um das Jahr 1600 wurden in diesem Hafen mehr als 80 verschiedene Sprachen gesprochen. Einigen Sklaven gelang die Flucht, und sie schafften es, in abgelegenen Gebieten des Landes zu überleben.

Andere leisteten Zwangsarbeit auf Haziendas, bis im Jahre 1851 die Sklaverei abgeschafft wurde. Nach ihrer Befreiung besetzten sie Land, bauten Lebensmittel an, fischten und versuchten, so gut es ging, ihre Kulturen zu erhalten. Die Rosario-Inseln werden seit mehr als 300 Jahren von der afro-kolumbianischen Bevölkerung genutzt. Damals legten Fischer aus der Stadt Barú, die auf dem Festland liegt, während ihrer Wartezeiten auf den Inseln Gärten an. Sie bauten sich einfache Hütten, die sie zwischen dem Fischfang bewohnten, und kehrten danach immer wieder auf das Festland zurück.

Ever de la Rosa Morales

Das System änderte sich erst nach vielen Jahren mit der aufkommenden Hobbyfischerei wohlhabender Menschen vom Festland. Sie baten die einheimischen Fischer, sie zu den besten Gründen bestimmter Fischarten zu führen. Und so wurde das Land, das so lange niemandem gehört hatte, plötzlich wertvoll. Die Schönheit der Inseln, ihre Korallenriffe und ihre herrliche Landschaft wurden auf einmal sehr attraktiv. Das wirtschaftliche Interesse an den Inseln wuchs, und unsere Vorfahren verkauften einige Teile ihres Landes.

Das Gebiet rund um die Inseln wurde im Jahr 1977 zum Nationalpark erklärt. Damals war ich ein kleiner Junge und lebte abwechselnd auf Isleta und Isla Grande, den beiden wichtigsten bewohnten Inseln, und in Cartagena, der nächstgelegenen Stadt. Ich lernte fischen und liebte Sport; bald fing ich an, Spiele mit anderen Kindern und später mit der Jugend zu organisieren. Ich stellte fest, dass die Leute Vertrauen in mich setzten, und in dieser Zeit begann meine Leidenschaft, mit und für Menschen zu arbeiten.

Ich wurde schließlich zum Sprecher der Gemeinde gewählt und stellte fest: Die Regierung interessierte sich überhaupt nicht für die schwarze Bevölkerung. Für sie waren wir unsichtbar, unsere Wünsche fanden bei ihren Plänen nie Berücksichtigung. Ich traf mich mit Menschen und Institutionen, die uns helfen konnten, und versuchte, uns Zugang zu Bildung und Gesundheit zu erzwingen. Mir wurde klar, dass wir in einer sehr schwierigen Situation waren. Der Landbesitz unserer Gemeinschaft war nicht rechtlich anerkannt, und die Regierung suchte nach Möglichkeiten, uns zu vertreiben.

Im Jahr 1984 begann sie einen juristischen Prozess. Die Regierung behauptete, dass wir die Inseln illegal besetzt hätten. Sie argumentierten, dass unser Leben die Ökosysteme zerstöre. Sie sahen nicht, dass wir die Natur und den ökologischen Reichtum dieser Gegend seit Jahrhunderten gepflegt hatten und dass wir als quasi Eingeborene ein Teil dieser schönen Ökosysteme geworden waren. Die Regierung schien unfähig zu sein, die echten Umweltgefahren zu erkennen: den Massentourismus, die industrielle Fischerei und die Meeresverschmutzung.

Die juristische Chance
Die kolumbianische Verfassung von 1991 definierte Kolumbien als multi-ethnisches und multi-kulturelles Land. 1993 erhielt die afro-kolumbianische Gemeinde eine Grundlage für die Anerkennung ihrer Rechte. Ich besuchte Menschen mit Wissen und Erfahrung in diesem Bereich und lud sie

Alte Bräuche und Handwerke der Afro-Kolumbianer werden gepflegt.

zu Vorträgen und Workshops ein. Wir beschlossen, eine Hauptstadt auf einer der Inseln zu gründen, um nach außen sichtbarer und ansprechbarer zu sein. Im Jahr 2000 erhielten wir Land zurück, das von einem reichen Besitzer aufgegeben worden war. Dort bauten wir unsere Hauptstadt Orika. Die ganze Gemeinde beteiligte sich an dieser Arbeit, die einen kochten, andere halfen beim Bau – die indigenen Gemeinschaften nennen diese Art der kommunalen Arbeit »Minga«.

Unsere politische Organisation wurde von einem Gemeinde-Aktions-Komittee *(Junta de Acción Comunal)* zum Gemeinschaftsrat der Rosario-Inseln *(Consejo Comunitario de las Islas del Rosario)*, dem ich zur Zeit vorstehe. Dank zahlreicher Organisationen und Menschen, die an unseren Kampf glaubten, konnten wir die Geschichte der Gemeinschaft und der Inseln rekonstruieren. Und 2006 forderten wir offiziell den kollektiven Grundbucheintrag für die beiden Inseln Isla Grande und Isleta. Mehrere rechtliche Komplikationen traten auf, und unser Antrag wurde zweimal abgelehnt. Viele Menschen rieten uns, die individuellen Pachtverträge zu akzeptieren, die die Regierung uns statt dessen anbot. Regierungsvertreter drohten, die Gemeinschaft würde mit Gewalt vertrieben, sollten wir diesen Weg nicht akzeptieren. Doch wir weigerten uns.

Wir wurden mehrmals bedroht und angegriffen. Einmal erhielt ich einen Anruf, dass die Armee unterwegs wäre, um die Gemeinschaft von der Insel zu vertreiben. Wir riefen sofort unsere Anwälte an. Als die Soldaten kamen, leisteten wir passiven Widerstand, bis das Schreiben des Anwalts eintraf und die Armee abziehen musste. Immer wieder erhielt ich Drohanrufe. Es brauchte manchmal Mut, um weiterzumachen. Schließlich, nach einem langen Prozess, entschied das Bundesverfassungsgericht zu unseren Gunsten.

Die ganze Geschichte war voller Wunder. Wir waren zu den richtigen Veranstaltungen gegangen und hatten exakt die Menschen getroffen, die das Wissen hatten und bereit waren, uns zu helfen. Wir konnten Vertrauen innerhalb der Gemeinschaft aufbauen, so dass sie den Prozess mit Mut und langem Atem durchstand. Wir fanden die Stärke und Würde, um den großen wirtschaftlichen und politischen Mächten entgegenzutreten. Nun sind wir selbst eine Inspiration für andere Gemeinden geworden, und das ist ein gutes Gefühl. Wir hoffen, dass uns die Wunder, das Vertrauen und die Kraft treu bleiben und dass jede Gemeinde ihr Recht bekommt, auf ihrem Land ihre eigene Lebensweise aufzubauen.

Tradition und Innovation verbinden

In den letzten 13 Jahren nahmen wir im Rahmen verschiedener Netzwerke an Projekten zum Schutz der biologischen Vielfalt teil. Wir erwarben Wissen über alternative Wirtschaft, Ökodorf-Design, Abfallmanagement, Ökotourismus, Solarenergie, Komposttoiletten und Permakultur-Hausgärten, Umwelterziehung, gemeinschaftliche Wasserretention, adäquate Schulen und mehr. Wir wollen auch unser traditionelles Wissen in Kursprogrammen wiederbeleben, erkennen aber, dass die afrikanische Spiritualität neu belebt werden muss.

Derzeit arbeiten wir an einem Entwicklungsplan aus unserer Perspektive, der uns helfen soll, unsere Träume und Pläne zu verwirklichen. Ein zentraler Bestandteil ist der Ökotourismus. Wir bieten ein Seminarprogramm für Besucher und unsere eigenen Leute an. In unserer Hauptstadt Orika haben wir ein Kulturhaus gebaut: das Herz unserer Bildungsaktivitäten. Hier fanden bereits EDE-Kurse sowie Schulungen verschiedener staatlicher und nichtstaatlicher Organisationen statt. Menschen aus anderen Gemeinden lassen sich von unserem Prozess inspirieren. Es entstehen Freundschaften mit Gruppen, die sich den gleichen Herausforderungen stellen müssen wie wir.

Es ist uns bewusst, wie wichtig es ist, traditionelle und innovative Technik zu verbinden. Wir verstehen uns als Ökodorf in einer Ökoregion, und wir arbeiten unermüdlich daran, die Lebensqualität aller nachhaltig zu verbessern. Wir pflegen die Ökosysteme, die die Basis unseres Lebens bilden – für uns und die kommenden Generationen.

Mehr als 18 Jahre lang arbeite ich jetzt für unsere Rechte als afro-kolumbianische Gemeinde und für den Übergang von einer unsichtbaren, rechtlosen Gemeinschaft zu einer sichtbaren, wohlhabenden und nachhaltigen. Mein ganzes Leben lang habe ich mich für Würde und Gleichheit eingesetzt, in einem schwierigen Umfeld von Rassismus und Diskriminierung. Jetzt sehe ich, dass all meine Bemühungen erfolgreich waren und dass wir andere Gemeinden inspirieren, nachhaltige Lösungen in einer sich wandelnden Welt zu finden.

In der Solution Library – solution.ecovillage.org:
Claiming Land Rights
Community Eco Tourism

Lebensqualität nachhaltig verbessern

Die ungewöhnliche Stadtplanung lässt 90% der Grundfläche für die Natur.

Der Randeffekt

EcoVillage Ithaca, USA

»EcoVillage Ithaca«, gegründet 1991, ist das größte Ökodorf der Vereinigten Staaten. Mit drei Co-Housing-Siedlungen und drei Bio-Bauernhöfen zeigt es, dass der amerikanische Lebensstil durchaus veränderbar ist. In den kleinen Siedlungen Ithacas entsteht gelebte ökologische und soziale Nachhaltigkeit. Liz Walker ist eine der Gründerinnen.

Im Jahr 1990 half ich meiner Kollegin Joan Bokaer, einen Umwelt-Friedensmarsch zu organisieren. Meine Familie sowie 150 Menschen aus sechs Nationen nahmen teil, darunter amerikanische Ureinwohner. Wir marschierten 3.000 Meilen von Los Angeles bis New York, pflanzten Bäume, halfen, Recyclingprogramme aufzustellen, sprachen zu Schulkindern, örtlichen Unternehmen und Gemeinden. Mittendrin zerbrach meine Ehe. So schmerzhaft das war, wir setzten beide die Wanderung fort, mit unseren beiden Jungen im Alter von vier und sieben. Der Marsch lehrte uns viel über Durchhaltekraft und Geduld, wir liefen 15 - 20 Meilen am Tag, gingen durch Krisen und halfen einander. Wir hatten das Gefühl: »Wenn wir das schaffen, schaffen wir alles.«

Auf dem Marsch begann Joan von einer dauerhaften Gemeinschaft zu träumen. Sechs Monate später rief sie mich an und fragte: »Liz, hilfst du mir, ein Ökodorf in Ithaca aufzubauen?«

Das war eine spannende Idee, und in einer Meditation hörte ich klar die innere Stimme: »Ja, dazu bist du da.« Also verließ ich San Francisco, meine Heimat der letzten 15 Jahre, und zog als alleinerziehende Mutter nach Ithaca.

Ithaca liegt in der schönen Region der Finger-Seen im Staat New York in einer Hügellandschaft mit Seen und Bauernhöfen. Sie ist Sitz der Cornell-Universität und bekannt für ihr Umwelt-Engagement. Wir hörten von anderen Ökodörfern weltweit und wählten diesen Begriff, um Teil dieses Netzwerkes zu sein.

Im Juni 1991 luden wir zu einem fünftägigen Retreat ein, um das Ökodorf zu visualisieren. 100 Leute kamen, wir campten unter den Sternen am Cayuga-See. Anfangs ruckelte es. Joan hatte viel vorgedacht, aber die Menschen wollten keiner Führung folgen, sie wollten ein Team werden. Als Moderatorin fühlte ich mich wie eine Wellenreiterin, die auf hohen Energie-Wogen surft. Wir bildeten dann kleine Gruppen und begannen, die Bauernhöfe, Siedlungen und Ausbildungsprogramme zu planen. Am Ende der fünf Tage wollte niemand nach Hause gehen.

Landkauf, Planung, Bau

Wir suchten Land in Stadtnähe, um für Besucher offen zu sein, gleichzeitig mit gutem landwirtschaftlichen Potential. Das Grundstück, das wir wählten, hatte 175 acres (71 ha) und lag zwei Meilen (etwa 3 km) außerhalb der Innenstadt.

Wir gründeten eine gemeinnützige Organisation, die wir an die Cornell-Universität anschlossen. Mit der Hilfe von Freiwilligen konnten Joan und ich 400.000 Dollar zusammenbringen – einfach indem wir Leute anriefen und fragten: »Würden Sie in diese Vision investieren?« Die Resonanz war überwältigend. Von den Darlehen kauften wir das Grundstück. Es war die Sommersonnenwende 1992, genau ein Jahr nach dem Visionscamp. In dieser Nacht campten wir wieder draußen.

Ein Jahr lang planten wir intensiv zusammen mit Professoren, Studienabsolventen, Hausfrauen, Architekten, Ökologen. Jeder Interessierte wurde einbezogen. Gemeinsam schrieben wir ein zehnseitiges Dokument, die »Entwicklungs-Richtlinien«, mit Absätzen über Land- und Wassernutzung, Siedlungen, ökologisches Bauen, Transport, Landwirtschaft und Energie.

1996 bauten wir die erste Co-Housing-Siedlung. Keiner von uns hatte je zuvor eine Co-Housing-Gemeinschaft gesehen. Im November zogen mein neuer Partner Jared, ich selbst und die Kinder zusammen mit acht anderen Familien ein. Die Hälfte der Häuser war noch im Bau. Wir hatten viele Besucher zu einem Tag der offenen Tür eingeladen. Am selben Abend brach ein großes Feuer aus, und alle Häuser einschließlich des Gemeinschaftshauses brannten restlos ab. Zum Glück wurde niemand verletzt, aber es war ein herber Rückschlag.

Gleichzeitig war es berührend zu sehen, wie die Gemeinschaft zusammenhielt und sich gegenseitig half. Mit dem Geld der Versicherung konnten wir den Wiederaufbau finanzieren. Neun Monate später war die Siedlung fertig, und alle zogen ein.

Heute haben wir drei Siedlungen, und jede hat ihre eigene Geschichte. 2015, mit 100 Wohnhäusern, ist unser Siedlungsbau abgeschlossen.

Solidarische Landwirtschaft

Unsere drei Bauernhöfe sind ein wichtiger Teil unserer Vision. Wir benutzen das CSA-Prinzip für solidarische Landwirtschaft. Die Konsumenten zahlen den Bauern am Anfang der Saison einen Betrag und erhalten dann wöchentlich einen Teil der Ernte. Unser erster Hof, die West-Haven-Farm, ist 11 acres (4,45 ha) groß und ernährt während der Saison 1000 Menschen. Unser zweite Hof hat 5 acres (2 ha) und wird ebenfalls von einem Bewohner betrieben. Es ist ein Obstbau-Betrieb zum Selbstpflücken mit köstlichen Erdbeeren, Brombeeren, Blaubeeren und mehr. Dieser Betrieb hat es nicht ganz einfach, weil die Menschen nicht immer Zeit zum Pflücken haben.

Unser dritter Hof ist Teil unseres Ausbildungskonzeptes. In den USA sind die meisten Bauern über 60 Jahre alt, was ziemlich beängstigend ist, denn wer baut unsere Lebensmittel in zehn Jahren an? Wir bilden junge Leute zu Landwirten aus. Unsere Lehrfarm hat 10 acres (4 ha), auf denen Berufsanfänger arbeiten können, vor allem Menschen mit niedrigem Einkommen, die sich sonst kein Land leisten könnten.

Jede Siedlung hat außerdem ein oder zwei Gemeinschaftsgärten für die Bewohner, denn wir alle lieben Gemüse aus dem eigenen Garten.

Neues Paradigma der Flächennutzung

In den USA bauen die Stadtplaner normalerweise ein Haus pro acre (0,4 ha) mit vielen Straßen und Garagen. Sie nutzen 90 % des Landes und lassen der Natur 10 %. Wir wollten das umdrehen und zeigen, dass man auf 10 % bauen und 90 % für Naturflächen und Landwirtschaft nutzen kann. Es ist ein neues Paradigma für Flächennutzung. Wir brauchten spezielle Genehmigungen für einen Hausabstand von nur 5 Fuß (1,5 m). Unsere Wohnhäuser liegen recht nah beieinander, umgeben von einer parkähnlichen Landschaft mit Obstbäumen, Picknick-Tischen, Spielplätzen und Fußwegen.

Mit dem Co-Housing-Modell versuchen wir, Privatsphäre und Gemeinschaft in ein Gleichgewicht zu bringen. Den Privatraum haben wir in den Häusern, und wenn wir Gemeinschaft wollen, gehen wir zur Tür hinaus; die Kinder finden Spielkameraden und wir alle möglichen Menschen für Kontakt. Dreimal die Woche essen wir zusammen in der Siedlung, es gibt viele Partys und Feste.

Es gibt viele Treffen, um per Konsens unsere Entscheidungen zu fällen. Darüber hinaus gibt es jede Menge Austausch, Kameradschaft und natürlich auch Konflikte. Viele Wissenschaftler, nationale und internationale Medien und Studenten interessieren sich für uns, und unser gesellschaftlicher Einfluss geht weit über das hinaus, was ich mir 1991 vorstellen konnte.

Regionale und überregionale Wirkung

Wir haben einen Dialog in der Region entfacht, vor allem durch die Zusammenarbeit mit Colleges und Universitäten. 2002 baten uns Professoren aus Ithaca, mit ihnen einen Antrag für gemeinsame Kurse in der »Wissenschaft der Nachhaltigkeit« zu schreiben. Mit Erfolg: Der nationale Wissenschaftsfonds finanzierte drei Jahre lang unser Ausbildungsprogramm. Sowohl für die Professoren als auch für das Ökodorf war das eine große Lernerfahrung.

Das EcoVillage Ithaca gewann zahlreiche Preise für seine Energieeffizienz.

In der Ökologie gibt es den Randeffekt: Wenn zwei Ökosysteme aufeinandertreffen wie an Küsten oder Waldrändern, dann ist dort die Artenvielfalt und die biologische Aktivität am höchsten. So war es auch im Austausch mit dem Ithaca-College. Wir als Graswurzel-Aktivisten inspirierten das College, ganz neu über ihr Programm nachzudenken, und gaben den Studenten die Chance, Nachhaltigkeit in der Praxis zu erleben. Umgekehrt verbesserten unsere Einwohner ihre Fähigkeit, Wissen zu vermitteln und mit jungen Leuten umzugehen. Das College bekam schließlich sogar einen landesweiten Preis für ihr innovatives Nachhaltigkeitsprogramm.

Kooperation mit Stadtplanern

Wir überlegten, wie wir unsere Erfahrung anderen Stadtplanern im Land zur Verfügung stellen könnten. Die Planungsbehörde des Landkreises lud uns ein, bei einem Antrag an die Umweltschutzbehörde (EPA) mitzumachen und unsere Ideen für Klimaschutz auf einer höheren Ebene vorzustellen. Wir erhielten die Förderung, und damit finanzieren wir unsere Ausbildungsarbeit seit fast vier Jahren.

Die Zusammenarbeit mit Stadtplanern, Architekten und Bauunternehmern war faszinierend. Unsere dritte Siedlung – TREE oder *Third Residential EcoVillage Experience* – besitzt äußerst energie-effiziente Wohnungen, manche nach dem deutschen Passivhaus-Standard gebaut. Von den 84, die wir im ganzen Land haben, stehen sieben in TREE. Einige Häuser produzieren mehr Energie, als sie brauchen. Bei unserem kalten Klima heißt das schon etwas. Wir konnten zeigen, dass ökologisches Bauen gar nicht viel teurer ist.

In einer landesweiten Initiative arbeiten wir daran, die Treibhausgas-Emissionen bis 2050 um 80 % zu reduzieren. Für die USA ist das radikal. TREE-Häuser zeigen, dass ein gut gebautes Haus mit Solarzellen 93 - 100 % weniger Treibhausgase erzeugt als normale Häuser. Die Planungsbehörde beobachtet uns genau und versucht derzeit herauszufinden, welche Gesetze verändert werden müssen, um diese Art der Entwicklung zu unterstützen.

Gelebte Nachhaltigkeit

Wir – das Team der Stadtplaner, Architekten und Bauunternehmer – arbeiten an Lösungen, wie diese Lebensweise auf Siedlungen für Geringverdiener, auf städtische Umgebung oder Stadtränder übertragbar ist. Fünf von uns haben während der letzten drei Jahre sehr intensiv zusammengearbeitet und auf vielen Konferenzen landesweit gesprochen. Unser Modell ist anders genug, um interessant zu sein, aber auch nicht so anders, dass es die Menschen erschreckt. Es ist faszinierend, was geschieht, wenn Menschen, die sich für die Prinzipien und Werte der Nachhaltigkeit begeistern, sehen, dass es dafür schon echte Beispiele gibt. Wenn sie wissen, dass es möglich ist, gibt ihnen das Rückenwind, es in ihren Gemeinden auch zu probieren. Sie machen nicht unbedingt alles nach, aber sie experimentieren. Das ist ein anderes Beispiel für den Randeffekt. An diesem Kreuzungspunkt zwischen lokaler Verwaltung, Unternehmen und Graswurzelinitiativen geht es sehr lebendig zu, denn wir können enorm voneinander lernen.

Für mich ist es ein Privileg, in einer so eng gestrickten Gemeinschaft wie der unseren zu leben. Es ist nicht immer leicht, denn wir sind 240 Menschen aller Altersstufen, und jeder hat eine eigene Meinung. Aber dieser Lebensstil ist sehr flexibel und stabil, wir hören uns zu und respektieren vor allem die, die bei Problemen lösungsorientiert denken und entsprechende Ideen vorschlagen. Und wir inspirieren uns gegenseitig, immer dazuzulernen. Das EcoVillage Ithaca ist ein sehr dynamischer Ort zum Leben und zum Lernen.

Mehr: www.ecovillageithaca.org, www.community-that-works.org

In der Solution Library – solution.ecovillage.org:
Co-housing Village | CSA-Farming | Densely Clustered Housing

Grünes Bauen in der »Farm« in Tennessee

Warum die Hippies recht hatten

»The Farm«, Tennessee

*1971 landeten mehr als 300 Hippies in 60 bunt bemalten Schulbussen auf einer verlassenen Farm in Tennessee. Sie wollten die Welt verändern, in Frieden leben und Teil einer größeren Sache sein. Albert Bates, vorher Umweltanwalt, lebt seit 40 Jahren auf **The Farm** und erhielt gemeinsam mit anderen den Alternativen Friedensnobelpreis für die Entwicklungshilfeorganisation »**Plenty International**«. Mehrere Jahre lang war er GEN-Präsident.*

In dem Jahr, als ich mein Elternhaus verließ, erschien Bob Dylans Album *Bringing It All Back Home* über die Heucheleien der Konsumgesellschaft. Er rief eine ganze Generation dazu auf, Sand ins Getriebe des Systems zu werfen. Macht nicht mit, sang er, und: »I mean no harm nor put fault / On anyone that lives in a vault / But it's alright, Ma, if I can't please him.« (Frei übersetzt: »Ich will keinem wehtun, der in einer Gruft lebt, aber es ist schon ok, wenn ich ihm nicht gefalle.«)

Für mich wie für viele Millionen Kinder des Nachkriegs-Baby-Booms war das ein guter Rat. Wir waren nicht die Generation unserer Eltern, die Präsident Kennedy beschrieben hatte als *gehärtet durch Krieg, diszipliniert durch bitteren Frieden*. Meine Generation wuchs im Frieden auf, zum Beat von Rock'n Roll. Wir kämpften gegen Rassismus und für Frauenrechte. Hinter dem Rücken der Eltern experimentierten wir mit den Freiheiten der Anti-Baby-Pille und den verbotenen Früchten psychedelischer Weihen. Die Anhäufung materieller Besitztümer interessierte uns ebenso wenig wie die Herrschaft über die Natur. Wir demonstrierten für Frieden, Wahrheit, Gerechtigkeit, verließen die Universitäten und die bürgerlichen Karrieren, wurden Nomaden und stellten alles und jeden in Frage. Sie nannten uns Hippies, ein Wort aus dem Jazz – *hip* – das von dem westafrikanischen Wolof-Wort hepicat abstammt. Es bedeutet: »Jemand mit offenen Augen«.

Was sind Hippies?

In einem Interview mit *The Sun* von 1986 sagte Stephen Gaskin, der Gründer der *Farm*: »Nur reiche Länder haben Hippies. Es ist eine freie, privilegierte Klasse junger Wissenschaftler, die alles studieren können, was sie wollen. Sie sind wie junge Prinzen. Vor dem Durchbruch war es eine Bewegung der gehobenen Mittelklasse. Dann aber wurde sie so revolutionär, dass sie das Establishment zu Tode ängstigte, denn Hippies verbinden sich über alle kulturellen, religiösen und Klassengrenzen hinweg.«

Nach Ronald Reagan ist ein Hippie jemand, der sich »kleidet wie Tarzan, Haare trägt wie Jane und riecht wie Cheeta«. Noch heute gelten Hippies in der öffentlichen Wahrnehmung als langhaarige, ungewaschene, linke Kiffer.

Wer aber auf die *Farm* zog, tat das wegen gemeinsamer Werte und Visionen und wegen des gemeinschaftlich genutzten Landes, auf dem sie zusammen leben, sich gegenseitig unterstützen und sich mit dem versorgen konnten, was die Natur anbot: Erde, Sonne, Wasser, Pflanzen und Tiere. Sie wollten ein Dorf mit einer eigenen Ökonomie aufbauen, dessen Bewohner

Stephan Gaskin, verstorbener Gründer der Farm

ihre Produkte und Dienstleistungen miteinander und mit der umliegenden Region teilten. Das sind keine bescheidenen Ziele in einer Zeit rapiden Klimawandels, ans Limit kommender Energieressourcen, einer auf Schulden basierenden Ökonomie, die alle ethischen und biologischen Grenzen durchbricht, und einem militärisch aufgerüsteten Sicherheitssystem, das immer mehr dem Deutschland von 1933 ähnelt – nur die heutigen Waffensysteme gab es damals lediglich im Science-Fiction.

Eine eng verwobene Gemeinschaft

Eine eng verwobene Gemeinschaft – für uns heißt das, dass ein Kind die Hand eines Erwachsenen ergreifen kann ohne Sorge, wer dieser Erwachsene ist. Dass Nachbarn bei einem Konflikt nicht in Streit ausbrechen, sondern ihn lösen, entweder durch gegenseitigen Respekt oder durch gütliche Einigung mit Hilfe von Freunden. Dass niemand den Verlust von Freundschaft oder Sicherheit fürchten muss, da alle durch ein Gewebe an Zugehörigkeit getragen sind – einer unsichtbaren, aber starken und flexiblen Substanz, die Gemeinschaften zusammenhält.

Die Gemeinschaft beschloss, alle rechtlichen und steuerlichen Forderungen einzuhalten, sie sogar manchmal zu übertreffen. So erhält unsere kleine alternative Schule keine Unterstützung von Staat oder Gemeinde, aber ist dennoch ein Zentrum des Hausunterricht-Netzwerks der Region geworden, mit über 1000 eingeschriebenen Schülern pro Jahr. Die Klinik, deren Hebammen anfangs als Gesetzlose galten, bietet einen Pflegestandard, der in vielerlei Hinsicht das offizielle Gesundheitssystem übertrifft. Es hat eigene Arzthelferinnen, Sanitäter und Hebammen. In der Vielfalt unserer Geschäftsmodelle werden buchstäblich alle Organisationsformen eingesetzt, und wir verkaufen heute viele unserer Produkte – elektronische Geräte, Miso und Pilzzucht-Starter-Pakete sowie Bücher und neue Medien – nicht nur lokal, sondern auch auf dem globalen Markt.

Ein cooler Ort

Anfangs löteten wir Solarzellen auf Backfolien, um Musik der eigenen Gemeinschaftsradiostation hören zu können. Heute speisen wir Solarenergie ins nationale Netz ein, wann immer die Sonne scheint. Unsere Brennöfen für Pflanzenkohle aus Bambus, die Keyline-Felder und Hartholzwälder machen den ökologischen Fußabdruck, den all unsere Häuser, Geschäfte und Besucher jedes Jahr erzeugen, fünfmal wett. Die Farm ist cool: ein Ort, der den Planeten kühlt.

Egal ob jemand die Ursprünge des Computers studiert, ob er als Krebspatient dankbar für medizinisch induziertes Marihuana ist oder sich als besorgter Umweltschützer Gedanken macht, wie wir Menschen auf einem heißen, überfüllten Planeten überleben werden – er muss zugeben, dass die Hippies recht hatten. Sie hatten recht in Bezug auf Frieden, Liebe, Solarenergie, Bürgerrechte, Meinungsfreiheit, Meditation, Yoga, selbstgebastelte Computer und Selbstversorgungsgärten. Die Hippies haben mehr erzeugt als großartige Musik: Sie waren die Pioniere des Bioregionalismus, der Permakultur und der Ökodörfer.

Die *Farm* ist eine der bekanntesten Ikonen der Hippiekultur der 60er Jahre. Wir sind jetzt seit vier Jahrzehnten auf dem Land und haben vier Generationen: Die erste Generation – das sind nicht die 320 Blumenkinder, die in bemalten Schulbussen und VW-Bussen aus San Francisco in Tennessee ankamen, sondern deren Eltern, die zehn Jahre später eintröpfelten, als sie sahen, was für eine gute Sache ihre Kinder da begonnen hatten.

Die zweite Generation, die Pioniere, gebaren die dritte auf Rücksitzen von Bussen, in selbstgestrickten Jurten, zusammengezimmerten Hütten und geodätischen Domen. Diese Kinder gebaren inzwischen die vierte

Generation, Kinder der Kinder des Landes und der ursprünglichen Philosophie, oft begleitet von denselben Hebammen, die ihre Großmütter unterstützt hatten.

Wenn eine neue Gesellschaft gewaltsam erzwungen wird, ist das eine sinnlose Anstrengung. Es ist, um es mit Stephen Gaskin zu sagen, als »schiebe man Möbel im Zimmer herum«. Nur wenn eine neue Gesellschaft durch Gewaltfreiheit entsteht, wenn schon ihre Entstehung die Werte widerspiegelt, die die künftige Gesellschaft ausmachen sollen, kann wirklich etwas Neues entstehen. Mit der *Farm* hinterließen die Hippies der Welt ein Beispiel dafür.

Stephen, der 2014 starb, sagte oft: »Es gibt keine Farm.« Er meinte damit dasselbe wie Bob Dylan, als dieser sang: »Keep it in your mind and not forget / that it is not he or she or them or it/ you belong to.« Du bist nicht Teil von etwas und niemand besitzt dich. Du bist du. Mach was daraus!

Herausforderungen heute

An einem kalten Winterabend, bei eisigem Regen, finden sich einige Hundert stimmberechtigte Mitglieder im Gemeinschaftszentrum der *Farm* zum vierteljährlichen Treffen ein. Während die Mitgliedschafts-, Wasser-, Wohnungs- und anderen Komitees berichten, wird mir klar, wo die kommenden Spannungen und Herausforderungen liegen. Die Eigentumssteuer wurde schon wieder angehoben, was zu erwarten war, da die militärischen Abenteuer Washingtons die Peripherie des Landes ausbluten lassen.

Für junge Leute bedeutet die Steuererhöhung, dass es schwerer wird, bei uns einzusteigen. Die meisten haben durch ihr Studium bereits große Schulden angehäuft und keine Krankenversicherung. Sie müssen eine bezahlte Stelle in unserer Gegend finden, damit sie die Monatsbeiträge aufbringen können, die alle Bewohner bezahlen müssen. Es gibt aber kaum gute Jobs so weit von jeder Metropole entfernt, und um ein eigenes Unternehmen zu gründen, braucht man einen Absatzmarkt, was auch nicht leicht ist auf dem Land.

Das gleiche Problem stellt sich für die hier aufgewachsenen Kinder. Nach dem Schulabschluss müssen sie Geld verdienen, und seitdem wir 1984 unsere Gemeinschaftsökonomie aufgegeben haben, müssen sie ebenso auf Jobsuche gehen wie alle Neulinge. Manchmal stellen Freunde oder Verwandte sie in der Gemeinschaft ein, aber die meisten haben die Wahl zwischen einem Supermarktjob in der Nähe oder einem Beruf, der zwar ihrer

Ausbildung entspricht, aber in einer entlegenen Stadt ist. Das sind besorgniserregende Tendenzen, und wir haben noch keine guten Antworten darauf. Wir hoffen auf mehr Jungunternehmer, aber weder wir noch die lokalen Banken können sie bei der Gründung unterstützen.

Vor 40 Jahren: Bus-Kolonne in die Freiheit

Meine jugendliche Entscheidung, statt als Anwalt in Manhattan mit einer Hacke auf dem Feld zu arbeiten, habe ich nie bereut. Ich würde es heute wieder tun. Aber die heutige Generation ist anders, geboren in diesem Jahrhundert, *gehärtet* durch neue Kommunikationssysteme, die sie komplett in den Bann ziehen, *diszipliniert* durch die gnadenlose Bilanz an den Grenzen unseres Wachstums, durch den verschwenderischen Umgang mit fossilem Sonnenlicht und die verseuchten Ozeane und Regenwälder.

Für die kommenden Generationen wird die Welt ein anderer Ort sein, als sie es für mich war. Wenn ich jemandem zeige, wie man Pflanzenkohle macht, Komposttee braut oder eine *Keyline* durch ein Tal zieht, dann lernen sie, was sie tun können, um ihren Kindern etwas Besseres zu hinterlassen. Wenn Besucher in unser Dorf kommen, den Konsens-Prozess sehen, unsere Ehrfurcht vor dem Heiligen, unser gesundes Essen und unseren beharrlichen sozialen Einsatz in der Welt, dann hoffen wir, dass sie inspiriert sind, etwas Ähnliches bei sich zu tun.

Ökodörfer entstehen durch eine Verkettung von Ursachen, aber die wichtigste von ihnen ist die Hoffnung auf Zukunft und der Wille, sie zu verwirklichen.

Mehr: www.thefarm.org

In der Solution Library – solution.ecovillage.org:
Biochar from Bamboo Kilns
Keyline Fields
Compost Tea

Transportmittel im Ashram

Ökodorf bedeutet Entkolonialisierung

Wongsanit-Ashram, Thailand

*Pracha Hutanuwatr ist Mitbegründer und Narumon Paiboonsittikun langjähriges Mitglied des **Wongsanit-Ashrams** in Thailand, eines Zentrums für spirituellen und sozialen Aktivismus. Sie vermitteln Ökodorf-Bewusstsein und -Techniken in ganz Südostasien.*

Pracha Hutanuwatr

Für mich steht das Ökodorf-Konzept im radikalen Gegensatz zu dem, was die meisten Regierungen unter Entwicklung verstehen. Modernisierung, Entwicklung und Globalisierung sind die neue Kolonialisierung. Im Kern propagieren sie den gleichen Wertekatalog: Eroberung der Natur, Konkurrenz, Individualismus und Reduzierung des Gemeinwesens. Hier liegt die Herausforderung für uns als Ökodorf-Aktivisten.

Südostasien ist reich an natürlichen Ressourcen. Hier kannte man schon seit langer Zeit, was wir mit dem Begriff Ökodorf meinen: Nachhaltigkeit, Gemeinschaft, gerechte Wirtschaft und tiefe kulturelle Werte. In einem Land wie Thailand bedeutet das Ökodorf-Konzept, 50 Jahre nach der Einführung des amerikanischen Lebensstils unsere Gedanken und Gewohnheiten zu entkolonialisieren. Das erfordert Widerstand gegen die Technokraten und Mechanismen, die die Natur zerstören und die Armen immer ärmer machen. Nach 50 Jahren »Entwicklung« in Thailand besitzen viele Dorfbewohner Autos und Motorräder, aber alle sind verschuldet. In Burma öffnet sich jetzt das Fenster – und schon wollen die multinationalen Konzerne es mit Druck aufstoßen.

Sozialer und spiritueller Aktivismus

In den 1970ern während meiner Zeit an der Universität fragte ich mich, wie ich mein Leben sinnvoller verbringen könnte als mit dem Streben nach Haus und Auto. Ich wurde Marxist, um die Welt zu verändern. Doch der Marxismus offenbarte bald seine Schwächen: Er weiß nichts darüber, wie man das menschliche Verhalten von innen her verändert. So wurde ich buddhistischer Mönch. Ich hatte geplant, für zwei Wochen in einem Kloster zu meditieren, aber am Ende wurden es elf Jahre.

Noch in der Universität war ich Teil einer Gruppe von fünfzehn Freunden und einem Lehrer, Sulak Sivaraksa. Gandhi und seine Ashrams als Orte der Kraftaneignung, die der indischen Bevölkerung helfen sollten, sich von der britischen Besatzung zu befreien, inspirierten uns sehr. Als ich das Kloster im Jahr 1986 verließ, schickte mein Lehrer mich nach Indien, wo ich viele Ashrams der dritten Generation besuchte. Einige von ihnen haben tatsächlich viel für den sozialen Wandel getan.

Einen Ashram aufbauen

1990 schenkte uns ein Freund unseres Lehrers 10 ha Land für die Gründung des Wongsanit-Ashrams, 1,5 Stunden entfernt von Bangkok. Wir begannen ein ursprüngliches und ganzheitliches Leben, kultivierten das Land, fischten, bauten einfache Häuser zum Wohnen.

Mit 40 Menschen gaben wir uns einfache Regeln des Zusammenlebens, die den Grundprinzipien des Buddhismus entsprachen. Wir versuchten, individuelle Spiritualität und gesellschaftliche Veränderung zu verbinden. Von Anfang an praktizierten wir geistige Arbeit, körperliche Arbeit und Meditation. Wir meditieren mindestens einmal pro Woche zusammen. Und wir haben einen gemeinsamen Arbeitstag im Monat, manchmal auch einmal pro Woche.

Wir haben kein Fernsehen und keinen Kühlschrank im Ashram. Am Anfang glaubten wir stark an Basisdemokratie, Gewaltenteilung und daran, durch Reibung zusammenzuwachsen. Wir entschieden alles im Konsens, ob wir Neulinge aufnahmen und ob wir zusammen aßen oder in den Familien. Aber wir haben gelernt, dass Konsens manchmal zu viel Zeit braucht. Es gibt Entscheidungen, die wir mittlerweile mit Mehrheitsbeschluss fällen, und wir sind auch mit Kompromissen zufrieden.

Wir sind stolz auf die Oase, die wir geschaffen haben. Viele Bäume wachsen, wilde Tiere kommen, Vögel und Schlangen. Überall sonst werden sie gejagt und umgebracht, aber hier sind sie sicher.

1992 gründete ich ein Zentrum für Aktivismus und sozialen Wandel und leitete es zehn Jahre lang. Wir verbanden Aktivismus mit Meditation und kamen so mit der Bewegung für soziale Gerechtigkeit in Berührung. Jede Aktion kann spirituell sein. Viele Aktivisten schlossen sich uns an, und wir wurden Teil des Paradigmenwechsels unseres Landes. Obwohl ich nicht mehr im Ashram lebe, versuche ich weiterhin, seine Werte in meinem Leben zu verkörpern, und halte regelmäßig Kontakt.

Arbeit in Burma

Als ich Jane Rasbash aus Findhorn heiratete, initiierten wir in Myanmar (Burma) das *Grassroot-Leadership-Trainingsprogramm* (GLT) und später EDE-Kurse. 1994 wurden wir von Dorfbewohnern in Burma eingeladen, die eine NGO gründen wollten. Das war damals eine intensive Erfahrung. Die Dörfer hatten keine Elektrizität, sie versorgten sich selbst, und es gab eine sehr aktive Jugend. Ihre Traditionen waren äußerst lebendig.

Gleichzeitig besaßen sie kaum Freiheiten. Überall in den Straßen sahen wir Gewehre. Jedes Mal, wenn wir Burma verließen, fiel uns ein Stein vom Herzen. Aber wir setzten unsere Arbeit mehr als zehn Jahre lang fort. So entstand ein großes NGO-Netzwerk, das inzwischen von unseren Freunden vor Ort weitergeführt wird.

Wir sprechen in unserem Training immer fünf Themenbereiche an: Erstens das kritische Verständnis der globalen Situation und der Kräfte, die in die Region kommen und sie formen. Zweitens die Ökologie und die Umweltsituation. Drittens die gemeinschaftlichen Lösungen – wir suchen Lösungen, die auf den Traditionen basieren, wie z.B. die Reis-Bank oder die Büffel-Bank oder traditionelle Techniken biologischer Landwirtschaft. Und natürlich ist Meditation Bestandteil des Trainings. Die Menschen sind sehr tief in ihrer spirituellen Praxis geerdet. Dann kommen sie in moderne Schulen und werden aus ihrer Kultur herausgerissen. Das wollen wir umkehren. Wir träumen von einer ganz anderen Art der Ausbildung, viel ganzheitlicher, so dass der spirituelle Aspekt wieder ein selbstverständlicher Teil des Lebens wird. Der fünfte Themenbereich bezieht sich auf Management-Qualitäten rund um die Organisation einer NGO.

Im Rückblick sehe ich, dass wir die Situation in Burma nicht in dem Maße ändern konnten, wie wir es gerne getan hätten. Die Menschen sind immer mehr westlicher Werbung ausgesetzt, ihr Leben verändert sich, nicht immer zum Besseren. In den letzten zwei Jahren haben Jane, unsere Kollegen und ich mit der Metta-Entwicklungsstiftung zusammengearbeitet,

Kreativität, Spiritualität und soziales Engagement im Ashram

einer NGO aus Myanmar, die Trainings für ökologische Führungsstrukturen im Management anbietet. Metta will nun Ökodorf-Strategien für nachhaltige Entwicklung in ihre Programme aufnehmen.

Narumon Paiboonsittikun:
»In Asien wird von dir erwartet, ruhig und höflich zu sein und negative Gefühle zu unterdrücken. Das führt dazu, dass wir nicht mehr wissen, wer wir sind. Die daraus resultierenden inneren Spannungen explodieren immer häufiger gewaltsam. Viele aus meiner Generation machen ein Volontariat in Ashrams, um andere Werte kennenzulernen. So kam ich zum Wongsanit-Ashram. Es kam mir vor wie ein Traum. Ich blieb fünf Jahre und lernte Graswurzel-Demokratie kennen. Ein tiefer Zweifel erwachte in mir: Leben wir in Thailand tatsächlich in einer Demokratie? 35 Menschen, die gelernt haben, ihre Gemeinschaft transparent zu verwalten, könnten den Politikern beibringen, wie ein ganzes Land demokratisch regiert werden kann.«

Ökodorf-Training in Thailand und China
Heute werden wir regelmäßig in viele Regionen Thailands und Südchinas eingeladen. Ja, auch in China sehnen sich die Menschen nach einem nachhaltigen Leben. Wir werden manchmal von der Polizei angehalten, aber dennoch ist es möglich, in China zu unterrichten.

Auch Thailand geht durch eine tiefe Veränderung. Seit 2003 ist die Gesellschaft gespalten. Wir sind nicht direkt in die Kämpfe involviert, aber wir nutzen die Situation, um Vorschläge zu machen, die an die Wurzel der gegenwärtigen Krise gehen: Wiederverbindung mit der Natur, Spiritualität, Gemeinschaftsaufbau. Nach dem Putsch ist unsere Demokratie etwas stärker geworden, und wir engagieren uns mehr in der Graswurzelbewegung. Wir sehen Hoffnung auf Veränderung.

Ein Gouverneur aus Nord-Thailand beschloss, die ganze Region in eine Öko-Region umzuwandeln. Das betraf elf Dörfer mit 5000 Einwohnern. In seinem Auftrag überarbeiteten wir die regionale Entwicklungsstrategie, brachten Experten und normale Bürger zusammen und erstellten gemeinsam einen Masterplan, den wir dem Gouverneur vorlegten. Doch dann wurde er versetzt, und es ist offen, ob der neue Gouverneur das Projekt überhaupt weiterführen wird. Die 10 Millionen Baht (etwa 25.000 Euro), die er uns für die Arbeit versprochen hatte, konnten nach seinem Ausscheiden nicht bewegt werden. Es ist traurig, aber Korruption ist weit verbreitet.

Wald ist ein entscheidendes Thema in ganz Südostasien. Die Wälder werden abgebrannt und abgeholzt, und als Resultat sinkt der Grundwasserspiegel, Bauernhöfe und Haushalte verlieren ihren Zugang zu Wasser. Um das Thema zu lösen, brauchen wir eine ganzheitliche Betrachtung, ein neues ökologisches Paradigma, denn das Ökosystem als Ganzes braucht Erneuerung. Die Landwirtschaft war nachhaltig, bevor die Entwicklung in die Region kam. Wir bringen nun Reis- und Gemüsebauern zusammen und vermitteln ihnen traditionelles und modernes Wissen über Bio-Anbau und Wassermanagement.

Ökonomie des Wandels

Das bestehende Bankensystem dient nicht der Entwicklung von Ökodörfern, sondern zieht die Gewinne lokaler Wirtschaft aus den Dörfern heraus. Wir denken deshalb über die Gründung einer ethischen Bank nach, die in der Region verankert ist, so dass ein regionaler Geldkreislauf entsteht und die Gewinne in der Region bleiben. Damit könnte auch die lokale Wirtschaft aufblühen.

Das neueste Projekt ist die Verbindung der Ökodorf-Arbeit mit der Geschäftswelt, wir nennen es *Business des Wandels*. Es begann mit meinem jüngeren Bruder, der eine der Top-Firmen des Landes leitet. Nach einer schweren Krankheit öffnete er sich für Spiritualität und versucht nun, die Geschäftswelt von innen zu verändern. Das Geschäftsziel seines Unternehmens hat sich erweitert: Anstatt nur um Profitmaximierung geht es jetzt um Mensch, Erde, Gewinn.

Fernsehen und moderne Erziehung haben den Menschen eingebleut, sie seien nur gut, wenn sie so werden wie der Westen. Ökodörfer bieten uns eine Alternative zu diesem einseitigen Entwicklungsmodell. Wir können uns entwickeln, aber auf eigene Art. Die wichtigste Botschaft lautet: Wir sind gut genug. Wir müssen dem Westen nicht nacheifern. Auch wenn wir das Wissen der modernen Welt aufgreifen, heißt das nicht, dass unser Wissen nicht gut genug ist. Du bist gut genug, auch wenn du es nicht auf eine Karriere in den Hochhäusern Bangkoks abgesehen hast.

In der Solution Library – solution.ecovillage.org:
Buffalo Bank, Rice Bank
Spiritual Activism

Begegnung mit einem glücklichen Volk

Lokalisierung statt Globalisierung

Helena Norberg-Hodge, Ladakh

Helena Norberg-Hodge arbeitet seit 40 Jahren mit rund achtzig traditionellen Dörfern in Ladakh, schützt und unterstützt ihren Weg der Nachhaltigkeit. Sie ist Gründungsmitglied von GEN und erhielt für ihren Einsatz für Ladakh den Alternativen Nobelpreis.

Mein Bewusstsein für die essentielle Bedeutung von Ökodörfern erwachte in Ladakh. In den letzten 40 Jahren habe ich in naturverbundenen Gemeinschaften gelebt und die tiefe Verbindung der Menschen untereinander und zur Erde kennengelernt. Das gab ihnen einen Sinn für ein Selbst, das sich nicht abgrenzen musste. In ihrer Kultur war es nicht nötig, sich aus Angst und Selbstschutz voreinander zu verstecken.

Ich kam 1975 als Teil eines Filmteams erstmals nach Ladakh – genau zu der Zeit, als die Region für »Entwicklung« und Tourismus geöffnet wurde. Ich hatte vor, nach sechs Wochen wieder zu meiner Arbeit als Linguistin nach Paris zurückzukehren. Aber die unwiderstehliche Freude der Ladakhis und ihr ansteckendes Lachen ließen mich nicht mehr los. Ich beschloss, auch nach der Beendigung des Films zu bleiben.

Während der nächsten Jahrzehnte wurde ich Zeugin dramatischer Veränderungen, ausgelöst durch das sogenannte »Wachstum«. Das Land wurde von importierten Konsumgütern überschwemmt, vom Tourismus, westlichen Schulen, neuen umweltschädlichen Techniken und Materialien wie z.B. DDT und Asbest. Gleichzeitig wurden die Menschen durch Werbung dauerberieselt mit den Ikonen einer idealisierten, urbanen Konsumkultur, die sie selbst als rückwärtsgewandt und primitiv dastehen ließen. Junge Leute, die vorher voller Selbstachtung gewesen waren, waren verwirrt und entmutigt. Das neue Vorbild für Jungen wurde Rambo und für Mädchen die Barbie-Puppe. Arbeitslosigkeit, Selbstablehnung, Armut und Umweltverschmutzung griffen um sich. Die Gemeinschaftsverbindungen erodierten, als die Menschen um die wenigen Jobs konkurrieren mussten. 1989 kulminierte der psychologische und ökonomische Druck in gewaltsamen Konflikten zwischen Buddhisten und Moslems.

Erneuerbare Energiequellen

Als Zeugin der schlimmen Veränderungen und zerstörerischen Auswirkungen der Entwicklung in Ladakh beschloss ich, auf alternative Entwicklungsmöglichkeiten hinzuweisen. Das »Wachstum« von Ladakh beruhte auf der Ausbeutung fossiler Brennstoffe. Die Regierung subventionierte den Einsatz von Kohle, Diesel und Kerosin, und die Menschen benutzen sie inzwischen als Heizstoff für den Winter. Doch Ladakh eignet sich mit seiner Lage auf der tibetischen Hochebene und mit mehr als 300 Tagen Sonnenscheindauer im Jahr bestens für die Nutzung von Solarenergie. Auch für Wasserkraft gibt es enorme Einsatzmöglichkeiten.

Also plädierte ich gegenüber der indischen Regierung für eine andere Politik, die die Stärke der traditionellen Kultur einbezog und auf erneuerbare Energien setzte. Wir begannen mit dem »Trombwand«-Projekt. Diese elegante und einfache Solartechnik zum Heizen von Häusern passt ideal zu Ladakh und kann leicht in die traditionelle Architektur mit ihren regionalen Materialien integriert werden: Eine schwarz gestrichene Lehmziegelwand an der Südseite eines Hauses absorbiert und speichert die Sonnenenergie. Die winterlich niedrigen Sonnenstrahlen heizen den Raum, während die steilen sommerlichen Sonnenstrahlen die Wand kaum berühren und deshalb den Raum kühl und angenehm lassen.

Unsere Aktivitäten weckten das Interesse einiger spiritueller und politischer Führer von Ladakh. Gemeinsam riefen wir 1983 die *Ökologische Entwicklungsgruppe Ladakh* (LEDeG) ins Leben, um ein ganzes Spektrum an angepassten Technologien zu zeigen: Solaröfen, solare Wasserkocher, Gewächshäuser, die die Vegetationsperiode um sechs Monate verlängerten, Mikro-Wasserkraft-Stromgeräte und die erstaunliche Kolbenpumpe, die unser Technikteam aus Standard-Sanitärelementen zusammenbaute und die Wasser durch Schwerkraft statt Erdöl pumpte.

Alternative Landwirtschaft

LEDeG wurde die einflussreichste Nichtregierungsorganisation der Region. Unser *Ökologisches Zentrum* wurde 1984 von Indira Gandhi eröffnet und von Seiner Heiligkeit, dem Dalai Lama geweiht. So wurden indische Entscheidungsträger auf unsere Arbeit und das Denken, das dahintersteht, aufmerksam, und es kamen Besucher aus aller Welt.

Wie in den meisten traditionellen Kulturen ist die Landwirtschaft auch in Ladakh die Basis der Wirtschaft. Der ökonomische Druck führte zu Landflucht und einer Abkehr von der Landwirtschaft. Junge Leute begannen zu glauben, dass Landwirtschaft eine primitive Beschäftigung sei, und Bauern wurden davon überzeugt, dass der Gebrauch von Pestiziden, Hybrid-Saatgut und Kunstdünger modern sei. Die langfristigen Schäden, die sie damit dem Boden oder ihrer eigenen Gesundheit antaten, ignorierten sie. Wir informierten die Menschen darüber, dass im Westen das Interesse an naturnahen Anbaumethoden enorm wuchs. Wir wollten den Ladakhis nicht vorschreiben, was sie zu tun hätten. Wir wollten, dass sie auch die andere Seite kennen, die Alternativen zur konventionellen Entwicklung, damit sie selbst wählen konnten. Sie sollten erfahren, dass sie ihr Wissen und ihre Selbstachtung nicht hinter sich lassen mussten, um etwas wert zu sein.

Selbstachtung

Selbstachtung ist von größter Wichtigkeit. Die Bilder in der Werbung und in den Medien können für junge Menschen niederschmetternd sein. Ladakhis hielten den westlichen Lebensstil für ideal. Sie glaubten, wir hätten märchenhaften Reichtum und niemand im Westen müsse arbeiten.

Traditionen bewahren, nachhaltige Technologien einführen: das ist die Aufgabe des Ladakh-Projektes.

Wir investierten in Bildung, um diesen Mythen entgegenzutreten – dazu gehörten Konferenzen, Treffen, Radioprogramme und Theater. Und wir organisierten *Reality Tours* und ermöglichten Anführern der Gemeinden, den Westen selbst kennenzulernen. Dabei arbeiteten wir eng mit GEN zusammen. Wir konnten sie in Kontakt mit Menschen bringen, die die Leere und zerstörerische Natur der modernen Stadtkultur erkannt hatten. Die Ladakhis konnten direkt von ihnen über die spirituellen, psychischen, ökologischen und ökonomischen Probleme unserer Gesellschaft hören. Durch GEN erfuhren sie auch, dass Menschen im Westen dabei sind, Modelle für ein sinnvolleres und nachhaltigeres Leben aufzubauen. Der tiefe Dialog zwischen Menschen aus dem Westen führte die Ladakhis zu der Einsicht, dass Ladakh wie auch andere traditionelle, bodenständige Gesellschaften den Westen eine Menge lehren konnte. Und das half jungen Ladakhis, wieder mehr Respekt für ihre eigene Kultur zu gewinnen.

Nicht all unsere Aktivitäten wurden wohlwollend aufgenommen. Anfangs glaubten einige Regierungsmitglieder Indiens, ich sei eine CIA-Agentin, und warnten Ladakhs Führer davor, mich zu unterstützen. Mein Mann John Page und ich wurden viele Jahre lang bespitzelt. In den 80er Jahren behinderten einige jüngere Ladakhi aktiv unsere Arbeit. Sie hatten sich auf den Weg von Rambo und der fossilen Brennstoffe eingeschworen und behaupteten, dass wir mit den Bemühungen um erneuerbare Energien nicht nur ihre Zeit verschwendeten, sondern dabei auch Millionen in die eigene Tasche wirtschafteten. Doch das schlimmste war, dass die ganze Zeit über die Umweltverschmutzung und die Arbeitslosigkeit infolge der »Entwicklung« immer noch wuchsen.

Zuverlässige Wirtschaftsverhältnisse

Doch es gibt viele gute Nachrichten. Während der letzten zwanzig Jahre nahm die Unterstützung der Ladakhis ständig zu, und trotz der drückenden Arbeitslosigkeit ist das Verhältnis der Buddhisten und Moslems friedlich geblieben. Und – ganz wichtig – unsere Ökologiegruppe war an der Zusammenstellung der halbautonomen Regierung Ladakhs beteiligt, die sich den gleichen Zielen verpflichtete wie die LEDeG.

Im Laufe der Jahre habe ich erkannt, dass die Freude und Würde der Ladakhis von ihrer starken Verbindung mit einander und mit der Erde errührte. Ursprünglich hat sich die ganze Menschheit so entwickelt. Ökodörfer sind tatsächlich Bestandteil unseres genetischen Codes! Und Menschen weltweit, die in Städten oder Vorstädten aufgewachsen sind, abgeschnitten von anderen und von der Natur, sehnen sich danach, die spirituelle Verbindung mit dem Leben wiederzufinden.

Ich konnte beobachten, dass die Verbundenheit der Ladakhis sich durch ihre lokalen Wirtschaftsverbindungen entwickelte. Ihre Wirtschaftsbeziehungen ließen sie täglich aufs Neue den Zusammenhalt mit anderen Menschen und mit der Natur erfahren. Sie bildeten außerdem eine gesunde Basis für das Wachstum und die Geborgenheit der Individuen, das Gefühl, zu einem Volk, einer Kultur, einem Ort auf der Erde zu gehören. In der Konsumgesellschaft sind unsere Verbindungen zueinander und zur Natur weitgehend durchtrennt. Fast alle Interaktionen werden von Bürokratie oder Profitdenken gesteuert. Wohlbefinden wird eher von Institutionen gesteuert als durch den Kontakt mit anderen. Kaum noch jemand weiß, wo seine Nahrung herkommt, man ist durch viele Zwischenhändler und weite Entfernungen davon getrennt.

Dezentralisierung als Systemalternative

Je deutlicher mir die Bedeutung der lokalen Wirtschaftsstrukturen wurde, um so mehr trat ich für »Dezentralisierung« und »Lokalisierung« ein. Es ist eine Systemalternative, die uns unabhängig macht von einer entfernten globalen Wirtschaft.

Mit diesen Gedanken entstand das *Ladakh-Projekt.* 1991 wurde daraus die *Internationale Gesellschaft für Ökologie und Kultur,* die wir kürzlich in

Lokale Zukünfte umbenannt haben. Wir produzierten Filme, organisierten Konferenzen und Lesungen, schrieben Bücher und gaben Workshops über die vielen Vorteile der Lokalisierung.

Seit den frühen 90ern kooperieren wir mit GEN, dem *Global Ecovillage Network*. Wir publizierten gleichzeitig Informationen über die Auswirkungen der wirtschaftlichen Globalisierung: von den wachsenden CO_2-Emissionen über andere Formen von Umweltverschmutzung, Armut und Arbeitslosigkeit bis hin zu der epidemisch auftretenden Angst und Depression.

Nord-Süd-Dialog

Während der letzten vier Jahrzehnte intensivierten wir den Dialog zwischen dem globalen Norden und dem globalen Süden. Der Norden überschwemmt den Süden mit seiner wirtschaftlichen »Entwicklung«, und Schulbücher und Werbespots vermitteln die ständige Botschaft, dass traditionelle, indigene Lebensweisen weniger wert sind. Menschen aus dem Westen haben die Aufgabe, diese Mythen zu widerlegen. Wir müssen unsere Suche nach der Verbundenheit zeigen, die die Menschen in weniger industrialisierten Gesellschaften noch nicht ganz verloren haben. Unsere Erfahrungen global miteinander zu teilen, kann uns allen helfen, eine große globale Bewegung für einen grundlegenden Wandel zu gründen.

Mit der Bildung einer *Internationalen Allianz für Lokalisierung* (IAL) sehen wir uns als Teil einer solchen Bewegung.

Mein Buch »Leben in Ladakh« hat die Geschichte des Landes bekanntgemacht. Ich schrieb es nach den ersten sechzehn Jahren in Ladakh, in denen ich die Veränderungen beobachtet hatte. Später drehten wir einen Film dazu. Buch und Film wurden in über vierzig Sprachen übersetzt. Unser Film »Die Ökonomie des Glücks« zeigte Gemeinschaften weltweit, die die spirituellen, sozialen, ökologischen und sogar ökonomischen Vorteile der *Lokalisierung* genossen. »Die Ökonomie des Glücks« wurde selbst so etwas wie eine Bewegung: In winzigen abgelegenen Dörfern in Japan, Korea, Peru oder Chile sitzen kleine Gruppen um einen Laptop herum, an anderen Orten lassen sich große Menschengruppen in Vorlesungssälen und Konferenzen von den Geschichten inspirieren. Es sieht so aus, als erreiche unsere Botschaft eine kritische Masse. Mehr: www.localfutures.org

In der Solution Library – solution.ecovillage.org:
Localisation | Trombe Wall | Index of Happiness

Joss Brooks und sein Team forsteten große Teile der Region auf, hier der Pitchandikulam-Wald von Auroville.

Erinnerungen an den Garten der Zukunft

Auroville, Indien

Im Süden Indiens liegt eines der ältesten und größten Ökodörfer der Welt: Auroville. Seine Pioniere folgten 1968 der Vision von Sri Aurobindo und Mira Alfassa (»der Mutter«). Heute leben hier rund 2000 Menschen aus über 40 Ländern. Joss Brooks arbeitet seit 45 Jahren für die ökologische Rekultivierung des einst kargen Hochlandes und die Wiederaufforstung der einheimischen Wälder.

Ich bin in Tasmanien aufgewachsen, wo bis zur britischen Kolonialisierung im Jahre 1804 die Ureinwohner harmonisch zwischen Bergen, Graslandschaften und Meeresstränden lebten, die sie 35.000 Jahre lang ernährt hatten. Ihre Höhlenkunst erzählt noch heute ihre Träume. Die europäische Invasion zerstörte diese Stämme, und die letzte tasmanische Ureinwohnerin, Königin Truganini, starb 1876. Fast hundert Jahre später entstand hier die erste Grüne Partei des Planeten. Als die Menschen gegen die Abholzung des Urwaldes und die Kanalisierung ihrer wilden Flüsse protestierten, wurden sie getragen vom Geist der alten Völker und konnten die Wildnis erfolgreich schützen.

Nach vielen Reisen fand ich mich in *Tamil Nadu* an der Koromandel-Küste wieder. Die Harmonie der Natur war in den heiligen Wäldern und Tempelhainen, wo einheimische Pflanzen geschützt waren, noch spürbar. Dort hörte ich von einem Ort in der Nähe von Pondicherry, eine Stadt der Zukunft sollte verwirklicht werden, nach einer Vision von Sri Aurobindo und Mira Alfassa. Es sollte ein Ort sein, der keiner Gruppe oder keinem Einzelnen gehörte, sondern der Menschheit als Ganzes.

Die UNESCO und die indische Regierung unterstützten diese Idee. Im Februar 1968 trugen Kinder in einer Zeremonie Erde aus 120 Ländern herbei und sammelten sie in einer Urne. Nachdem die Menschenscharen den Ort verlassen hatten, wehten die heißen Winde ihren Staub wieder in die Bucht von Bengalen. Suchende, Reisende und Flüchtlinge der westlichen Zivilisation blieben und waren die ersten Pioniere Aurovilles.

Kontakt mit der Seele des Waldes

Wir bauten einfache Wohnhütten. Einheimische Bauern und alte Frauen, die weder lesen noch schreiben, aber stundenlang Geschichten erzählen konnten, wurden unsere Lehrer. Sie kannten Hunderte Heilpflanzen. Ihr Leben war hart, aber ihre Zeremonien erinnerten an die große vergangene Zivilisation Südindiens. An Festtagen tragen ihre Tempelwagen noch heute die Gottheiten durch die Dörfer. Sie bestehen aus demselben Holz wie die Tür des Tempels, und das Öl, das in den Lampen des Heiligtums brennt, ist aus den Samen derselben Bäume gepresst. Vor 500 Jahren besangen Dichter die einheimischen Tiere, Vögel und Pflanzen. Ihre Worte sind in die Wände der Tempel geschnitzt. So erfuhren wir, dass vor 200 Jahren hier ein Maharadscha von einer Elefantenherde aufgehalten wurde, und wir erfuhren von dem Wald, der einst hier wuchs.

Die Mutter riet uns, Kontakt mit der Seele des Waldes aufzunehmen: Sie sei nicht verloren, sagte sie, zwei Jahrhunderte sind gar nichts. Die Mutter sagte, der Kontakt mit dem Geist sei noch wichtiger als Kompost. Die unsichtbaren Wesen würden uns helfen, zurückzugewinnen, was einmal war.

Wir lernten – auch von der sanften Art, wie die Bauern das Wasser bewegen und es auf Reisfelder leiten. Sie singen, während sie arbeiten – kann man zu einem Dieselmotor singen? Sie lehrten uns die Jahresrhythmen. Zeremonien sind immer noch sehr bedeutsam in Südindien. Selbst Bankmanager und Lehrer beteiligen sich im Hochsommer an Feuerläufen, um den Regen anzurufen.

Wir bohrten die ersten Brunnen 45 Meter tief in den Lateritboden, bauten Windmühlen aus Holz mit Stoffsegeln. Wir brauchten Schatten, um die langen heißen Sommer zu überstehen. Wir legten Baumschulen an und brachten Wasser auf Ochsenkarren, um die Setzlinge zu wässern. Die Monsunwinde bedrohten das zerbrechliche ökologische Gleichgewicht auf dem Plateau durch Erosion. Wir lernten das wichtige Konzept der Wasserscheide kennen und begriffen, dass wir alle Teil eines Flusssystems sind. Weiter flussabwärts färbte sich das Meer orange mit unserer Erde; diese unschätzbar wertvolle Substanz unserer zukünftigen Siedlungen wurde mit jedem

In traditionellen Bräuchen geht es oft um den heiligen Baum.

Regen weggeschwemmt. Wir initiierten einen Heilungsprozess: Regenfälle müssen auf dem Land bleiben und dort einsickern können, wo sie fallen, um den Wasserspiegel wieder anzuheben. Wir legten Tausende Kilometer von Erddämmen und Deichen an. Rückhaltedämme *(check dams)* aus Steinen und Erde verlangsamen das abfließende Wasser.

Langsam bedeckte Vegetation den Boden, Vögel brachten Samen, und die einheimische Flora kehrte zurück. In den Tempelhainen, geschützt durch örtliche Gottheiten und Heilige, fanden wir Reste der ursprünglichen Vegetation, sammelten Samen und lernten, sie zum Keimen zu bringen. Wir begriffen, dass unser lokaler immergrüner Trockenwald gefährdeter ist als alle anderen Waldarten Indiens. Seit Jahrzehnten arbeiten wir an dem 400 Hektar großen Grüngürtel aus Wald rings um Auroville und an der Wiederaufforstung entlang der Koromandel-Küste. Heute ist Auroville in ein mannigfaltiges grünes Gewand gehüllt.

Arbeit in der Region

Wir arbeiten mit den Menschen unseres Flusssystems, um ihr Wissen über natürliche Ressourcen, insbesondere über traditionelle Heilkräuter, zu dokumentieren. Einheimisches Wissen über Tiere, Vegetation, Mineralien, traditionelle Methoden und Heilpflanzen bildet den wichtigsten Schatz einer Nation. Wir legten Heilwälder an; initiierten Frauengruppen, die wiederum traditionelle Heilkräuteranwendungen für Tierbehandlung anboten – und die Kühe und Ziegen wurden gesünder.

30 Kilometer von Auroville entfernt übernahmen wir eine Schule mit 600 Kindern, vier Lehrern und zwei schattenspendenden Bäumen, aber ohne Wasser und Toiletten. Wir legten einen Brunnen an, bauten Toiletten und Kläranlagen, Solarzellen und Windturbinen. Die Kinder halfen, Lehrmaterial aus ihrer Umgebung zusammenzustellen. Sie webten ihr Wissen in Geschichten, Gedichte, Spiele und Puppentheater ein und organisierten Veranstaltungen, bei denen sie ihr Wissen dem ganzen Dorf zeigten. Die Schule hat ihre Erfolgsrate von 10 % vor 10 Jahren auf heute 75 - 80 % verbessert.

Aber damit entstand ein neues Problem: Mit einem Schulabschluss verlassen die jungen Menschen die Dörfer! Wie überall gibt es auch im ländlichen Indien enorme Landflucht. Wir müssen das Land wieder attraktiv machen, damit die Menschen nicht in den Slums von Chennai oder Pondicherry enden. Auroville hat viele Vorschläge für Nachhaltigkeit, Artenvielfalt und stabilen Wohlstand auf dem Land. Vor kurzem hat die tamilnadische Regierung uns gebeten, am Rande Aurovilles ein Institut für nachhaltige Lebensweise aufbauen zu dürfen, ein gemeinsames Projekt, das auf Ganzheitlichkeit basiert und Auroville als Campus nutzt.

Alternativen für die Stadt

Vor einigen Jahren gab uns die Stadtverwaltung von Chennai die Gelegenheit, unser Wissen im städtischen Raum anzuwenden. Chennai liegt 100 km nördlich von Auroville und hat zehn Millionen Einwohner. Ein 25 Hektar großes Feuchtgebiet mitten in der Stadt wurde seit 50 Jahren als Müllkippe benutzt. Es brauchte ein Jahr, um den Plan zu erstellen. Wir bezogen dafür nicht nur das Gelände selbst, sondern das gesamte Flusssystem von zwei Quadratkilometern mit ein. Schließlich bewegten wir 60.000 Tonnen Abfall an geeignetere Orte. Die Baumschulen von Auroville lieferten 200.000 Bäume von 186 einheimischen Arten. Die Vögel kamen zuerst zurück, dann die Fische und die Krebse. Statt einer stinkenden Müllkippe hat Chennai nun ein Erholungsgebiet mitten in der Stadt, mit Steinsetzungen und Gemälden, mit Umweltinformationen und Orten zum Entspannen. Und wir brachten Modelle unserer Technologien: *Flow Forms*, Wasseraufbereitungssysteme, Wirbelbrunnen, Windmühlen. Wir wollten einen Platz schaffen, wo die Menschen wieder träumen können, eine Wildnis in der Stadt, heilsam für Mensch und Tier.

All dies sind Gründe zur Hoffnung. Aber die Wirklichkeit ist komplex – so komplex wie die indische Gesellschaft. Auroville, das bedeutet: Menschen

Auroville bei der Ankunft der neuen Pioniere

aus der ganzen Welt vermischen sich mit Einheimischen und versuchen, einen gemeinsamen Weg zu finden. Das Wichtigste ist, in allem die Seele wahrzunehmen, in jeder Form, die die Materie annimmt. Denn in der Seele finden wir die Erinnerung an den Garten der Zukunft.

Als Ausgleich zu oben Gesagtem reflektiert Rüdiger von dem Bussche seine herausfordernden Erlebnisse in Auroville vor zwei Jahrzehnten:

Rüdiger von dem Bussche

Was mich nach Auroville zog, war die Hoffnung, zur Einheit der Menschheit beitragen zu können. Ich kam als junger Mann mit dem Ideal, alles zu teilen, was ich besaß. Ich ging 17 Jahre später weg als jemand, der alles beschützen wollte, was ihm gehörte. Ich hatte mich immer als großzügigen Menschen verstanden. In Auroville erlebte ich mich als einen Boss, der Arbeiter feuerte, weil ich sie im Verdacht hatte, mich bestohlen zu haben.

Was war passiert? Die Konfrontation von Menschen aus reichen Ländern und Menschen vom ländlichen Indien war zu stark. Die Menschen des ländlichen Indien werden durch die Globalisierung und Kapitalisierung aus ihren Ankern gerissen. Eine ganze Generation verlor ihre Gemeinschaften, ihre Werte, ihre Tradition. Das führt zu Spannung und unterschwelliger Gewalt, die immer wieder ausbricht. Ich wurde mehr als einmal angegriffen und verprügelt. Als junge Idealisten hatten wir nicht die Erfahrung, die Ungleichheit und Missverständnisse der verschiedenen Kulturen und Schichten zu überbrücken.

Die Menschen in Auroville sind sich dieses Themas bewusst und arbeiten daran. Was Joss und andere leisten, geht in die richtige Richtung – Brücken bauen, erinnern, Traditionen und einheimisches Wissen wiedererkennen und respektieren. Ich liebe Auroville zutiefst und halte es für einen der wichtigsten Plätze der Welt.

Mehr: www.auroville.org

In der Solution Library – solution.ecovillage.org:
Eco-restoration
Traditional Knowledge Base

Der Öko-Campus des Kibbuz Lotan bei Nacht

Kreatives Judentum und öko- logisches Bewusstsein in der Wüste

Kibbuz Lotan, Israel

Der 1983 gegründete Kibbuz Lotan im Süden der Arava-Wüste ist einer der letzten Kibbuzim, die in Kooperation mit der israelischen Regierung aufgebaut wurden. Mit seinen vielen ökologischen Aktivitäten ist er ein Katalysator für Umweltbewusstsein in Israel – und für liberales Judentum. Alex Cicelsky, ursprünglich aus den USA, ist Gründungsmitglied.

Mein erstes College-Jahr mit achtzehn verbrachte ich in Israel. Obwohl ich die Sprache nicht richtig beherrschte, fühlte ich mich rasch zu Hause, denn die Menschen waren aufrichtig freundlich und fürsorglich. Die meisten, die ich traf, arbeiteten als Freiwillige für Frieden, soziale Gerechtigkeit und Wohlfahrtsorganisationen. Das Leben im Kibbuz faszinierte mich besonders. Dort kamen utopische Gesellschaftsideen mit den Realitäten einer modernen, offenen Gemeinschaft zusammen.

Die Kibbuzim, in denen ich mich aufhielt, waren nicht religiös. Während meiner Jugend in den USA hatte ich mein Judentum intensiv gelebt, für mich war es sowohl spirituelle Erfahrung als auch das Engagement für eine gerechte Gesellschaft. Ich fand das Konzept einer säkularen, jüdisch-israelischen Kultur schockierend und zugleich faszinierend.

Der *Kibbuz Lotan* wurde 1983 als ein Gemeinschaftsexperiment gegründet, das den Einsatz für eine gerechte Gesellschaft mit kreativem und liberalem Judentum verbinden sollte. Gleichzeitig traten wir für eine Trennung von Staat und Religion ein. Wir waren 60 junge Leute zwischen 18 und 24, aus Israel und anderen Ländern. Lotan liegt in der *Arava-Wüste*, einer dünn besiedelten Region ohne Gebietskonflikte. Lotan ist einer der letzten Kibbuzim, die von der Regierung Israels in ihrer Strategie, Agrarkommunen aufzubauen, unterstützt wurden.

Mit 21 Jahren, nachdem ich mein Landwirtschaftsstudium in den USA abgeschlossen hatte, zog ich nach Israel und wurde ein Gründungsmitglied von Lotan.

Wirtschaftliche Entwicklung

Ein Kibbuz ist ein offiziell anerkanntes kooperatives Unternehmen. Die Regierung half uns beim Aufbau der Häuser. Unsere ökonomische Basis bestand im Winteranbau und Export von Melonen, Tomaten, Zwiebeln und Mais – in Sand und mit salzigem Wasser. Landwirtschaftsexperten und Ökonomen erfahrener Kibbuzim berieten uns. Ich pflückte Gemüse, sortierte Datteln, reparierte Traktoren und träumte vom Aufbau einer Molkerei. Wir erhielten Quoten für die Milchproduktion und Darlehen, die Molkerei aufzubauen. Inzwischen erzeugt sie über drei Millionen Liter Milch pro Jahr und versorgt uns mit einem ganzjährigen Einkommen, was der Gemüseanbau durch seine jahreszeitlichen Anbaugrenzen nicht tat. Heute gelten unsere Datteln als die besten im Land – die meisten werden mit geklärten Abwässern aus Eilat bewässert.

Diese »Milch-und-Honig«-Zweige sind das Rückgrat unserer Wirtschaft. Trotzdem war das Geld unser ständiger Überlebenskampf. Dreißig Jahre lang kam unsere Gemeinschaftsökonomie für alle Bedürfnisse der Mitglieder auf. Wohnung, Essen, Gesundheit, Transport, Strom, Wasser, Ausbildung und Kultur wurden den Familien auf der Basis von Anzahl und Alter ihrer Kinder zugeteilt.

Wir starteten zahlreiche Initiativen, um unser Einkommen zu erhöhen, darunter eine Ziegenmilchproduktion, eine Käserei und eine Maschinen-Manufaktur zur Gemüseverarbeitung, aber sie warfen alle keinen Gewinn ab. Die Rückzahlung der Kredite, die wir für den Start der Landwirtschaft aufgenommen hatten, war eine ewige Last und schreckte zudem neue Mitglieder ab.

Kinder aufwachsen lassen/großziehen

Gemeinschaften sind lebendige Organismen und müssen kreativ auf innere und äußere Veränderungen reagieren. Die erste große Veränderung kam, als die ersten Gründer Eltern wurden. Früher haben einige Kibbuzim ihre Kinder getrennt von den Eltern aufgezogen – zuerst aus gesundheitlichen Gründen in den malaria-verseuchten Sümpfen, später aufgrund ihrer Erziehungsphilosophie. Unsere Kinder lebten von Anfang an bei ihren Eltern, was mittlerweile in allen Kibbuzim zur Normalität gehört. In der Gemeinschaft wurde lang und breit darüber diskutiert, wie wir von da an die Arbeit aufteilen sollten und wer für die Kinderbetreuung aufkam. Den offenen Austausch über unsere Meinungen und Gefühle empfand ich immer als herausfordernd, aber auch notwendig.

Die finanzielle Sicherheit war ein permanenter Kampf. Andere Kibbuzim in unserer Region übernahmen unsere teuren Kredite, wir konnten sie bei ihnen zu niedrigen Zinsen abzahlen. Die »luxuriöse Einfachheit« einer Gemeinschaft ist bei uns aufgrund der hohen Energie- und Wasser-Kosten nicht einfach zu finanzieren. In unserem Wüstenklima gibt es fast keinen Regen, das heißt, jegliches Wasser muss gekauft werden. Die Regierung unterstützt uns nur, wenn die Zahl unserer Bewohner steigt.

60 der 280 Kibbuzim in Israel haben immer noch eine Gemeinschaftskasse. Es sind die, die genug Einkommen haben, um für die Bedürfnisse aller Mitglieder aufzukommen und den Neubau von Häusern zu finanzieren. Der Rest praktiziert unterschiedliche Formen zwischen Privatbesitz und Einkommensteilung. Wir wechselten 2015 von Gemeinschaftseigentum zu

Lotan wurde bekannt für seine alternativen Bauweisen aus Recyclingmaterial.

Privateigentum, um das freie Unternehmertum zu stimulieren und junge Paare, die ihre Häuser in unserer Gemeinschaft bauen wollen, anzuziehen. Unser gemeinsames Budget wird von einem internen Steuersystem gespeist und kommt für Dienstleistungen der Gemeinschaft, Ausbildung, eine Gesundheitskasse, eine Zusatzrente für Mitglieder mit geringem Einkommen sowie Kulturveranstaltungen auf. Mitglieder können für den Kibbuz arbeiten, aber die Zahl der Jobs ist begrenzt. Viele arbeiten als Lehrer und Sozialarbeiter in der Region, andere weiter weg in Eilat.

Ökologische Ausbildung

1996 starteten wir mit unserem *Zentrum für Kreative Ökologie* (CfCE). 2001 wurden wir Mitglied von GEN-Europe. Wir beteiligten uns an der Entwicklung der EDE-Kurse und der Verbreitung von Permakultur in Israel. Das *CfCE* ist Schule und Demonstrationszentrum, wo wir innovative Techniken in Recycling, Bauen mit Abfallmaterialien, Strohballenbau und biologischem Bauen sowie in urbanem Gärtnern und Kompostieren anwandten. Unser Vogel- und Naturschutzgebiet in einer verlassenen Sandgrube ist ein Rastplatz für viele der Millionen von Vögeln, die zwischen Europa und Afrika unterwegs sind. Unser *Teehaus* war das erste solare Restaurant in

Israel. In unseren biologischen Gärten haben Lehrer und Aktivisten, die dann andere Ausbildungszentren und urbane Gärten auf der ganzen Welt aufbauten, gelernt.

Wir haben einige wichtige Entdeckungen gemacht. Berater und Bauern sagten, dass nur eine begrenzte Zahl von Gemüsesorten in unserer Region gedeihen könnten, und das auch nur mit Kunstdünger und Pestiziden. Wir schafften es, diese durch Kompost und Mischkultur zu ersetzen. Die große Vielfalt an Pflanzen ist eine Oase – internationalen Experten gilt sie als Israels wichtigster Vogelschutzort.

Nach langen Diskussionen, ob wir uns auf ökologische Ausbildung oder auf Anbau in großem Stil konzentrieren sollten, entschieden wir uns für Ausbildung.

Mein wissenschaftliches Interesse entwickelte sich von der Landwirtschaft hin zur Architektur. Ich erforschte und plante energieeffiziente Gebäude. Wir konnten den Brandschutzbestimmungen entsprechen, so dass erdverputzte Strohballenhäuser heute legal gebaut werden können. Wir haben Häuser gebaut, die 70 % weniger Energie für Heizen und Kühlen brauchen als konventionelle Häuser – was viel ist, wenn man bedenkt, dass wir im Sommer am Tage 40 °C Außentemperatur haben.

Mit all unserem Umwelt-Engagement – Landschaftsschutz, Vogelschutz, Mülltrennung, Recycling und Kompost, erneuerbare Energien, energieeffizientes Bauen – haben wir unsere Region stark beeinflusst. Sie rühmt sich heute für ihre Leistungen in erneuerbaren Energien: Über 50 % des Strombedarfs von Eilat wird durch Solarenergie aus der Region abgedeckt. Außerdem gibt es deutlich mehr Mülltrennung und Recycling als irgendwo sonst in Israel. Lotan war Katalysator für diese Entwicklung.

Das Photovoltaik-System auf dem *EcoCampus*, auf dem unsere Studenten in zehn hocheffizienten solaren Strohballenhäusern leben, produziert fünfmal so viel Strom, wie es verbraucht, selbst dann, wenn alle Klimaanlagen den ganzen Sommer lang angeschaltet wären. Die Küche des *EcoCampus* benutzt Biogas. Wir haben keine Spülklosetts, sondern Komposttoiletten und Grauwassersysteme. Jedes Jahr kommen 10.000 Besucher und lassen sich von unseren ökologischen Innovationen inspirieren.

Entscheidungsfindung

Entscheidungen gemeinschaftlich zu treffen und Themen öffentlich anzusprechen, ist sowohl Herausforderung als auch Stärke von Gemeinschaften.

Am Anfang wurde alles im Plenum diskutiert, heute wird das meiste in Arbeitsgruppen vorbereitet, das Plenum muss nur noch zustimmen.

Ich erinnere mich daran, dass wir in den frühen Achtziger Jahren darüber debattierten, ob wir schwule Paare in der Gemeinschaft akzeptieren. So etwas war damals in Israel noch undenkbar. Einige Mitglieder fühlten sich bedroht, und wir haben einen intensiven Monat mit dieser Diskussion zugebracht. Es gab ein Paar, das einziehen wollte, aber nur, wenn sie offen schwul sein durften. Es wurde ein sehr konstruktiver Prozess, bei dem alle viel gelernt haben. Am Ende wurden sich die Leute ihrer Vorurteile bewusst und sagten, dass sie in einer Gemeinschaft leben wollten, die alle Menschen gleichermaßen unterstützt. Der Prozess strahlte auf alle Gemeinschaften in der Region aus. Ein Jahrzehnt später hatte einer unserer Jugendlichen sein Coming-Out und wurde ohne jedes Zögern von seinen Freunden zu Hause und in der Schule akzeptiert.

Lotan hat heute 150 - 200 Bewohner. Wir haben 50 erwachsene Mitglieder und Kandidaten für Mitgliedschaft, 70 Kinder und einige Großeltern, die hier ihren Lebensabend verbringen. Wir geben seit zwanzig Jahren *Leadership-Trainings* für achtzehnjährige Israelis, fokussiert auf Gemeinschaftswerte. Wir haben ein Gästehaus mit 20 Zimmern und ein *Watsu-Heilbad* (Shiatsu im Wasser). Die Teilnehmer von Permakultur- und EDE-Kursen leben mit uns zusammen. Unsere Gäste und Studenten haben, inspiriert durch ihre Zeit in Lotan, an anderen Orten spektakuläre Projekte aufgebaut. Unsere Interpretation der Schöpfungsgeschichte ist es, dass Menschen ins Paradies gebracht wurden, um Hüter der Natur zu sein und menschliche Eigenschaften wie Fürsorge und Toleranz herauszubilden. Unsere Vision ist es, diese Herausforderung in unserer Gemeinschaft anzunehmen und andere zu inspirieren, dasselbe in ihren Gemeinschaften auch zu tun.

Mehr: www.kibbutzlotan.com

165

In der Solution Library – solution.ecovillage.org:
Farming with Brackish Water in Hot/Arid Environments
Strawbale Building 2
Compost Toilets 2

Die Hakoritna-Farm liegt zwischen der Trennungsmauer und einer chemischen Fabrik.

Die Besatzung abschütteln

Hakoritna-Farm, Palästina

Der Bauer Fayez Taneeb und die Friedensaktivistin Aida Shibli bauen in der Westbank ein Modell und Ausbildungszentrum für Autarkie und Nachhaltigkeit auf.

Aida Shibli, Mitglied des GEN-International-Vorstandes

Schon als Kind akzeptierte ich nicht, wenn jemand sagte: »Die Dinge sind, wie sie sind.« Ich war davon überzeugt, dass man alles verändern kann. Während der ersten Intifada, mit 16 Jahren, malte ich ein Banner für unseren Balkon mit den Worten: »Territorien für den Frieden«. Eine Stunde später kamen sechzehn Polizisten in unser Haus und nahmen mich für eine Nacht zum Verhör mit. Diese Erfahrung hat mich sehr geprägt. Ich fing an nachzuforschen und entdeckte all die Dinge, über die unser Volk nicht mehr sprach: die Massaker, die Vertreibungen. Ich wurde Friedensaktivistin und arbeitete dabei mit Palästinensern und Israelis zusammen.

2000, während der zweiten Intifada, pflegte ich als Krankenschwester israelische Soldaten und palästinensische Selbstmordattentäter gleichermaßen. Mir wurde klar, dass es nicht darum ging, für eine Seite zu sein. Das System selbst ist falsch. Inmitten eines explodierenden Jerusalems war ich schwanger und allein – mein Mann hatte mich nach fünf Monaten Ehe verlassen. Ich verstand, dass Friedensarbeit nicht bei politischem Frieden enden konnte, sondern den Frieden zwischen Männern und Frauen einbeziehen musste. Ich gelobte meinem ungeborenen Kind: Ein anderes Leben muss möglich sein, und ich will es suchen. Die Vision, die ich in mir trage, ist ein Planet der Fülle. Ich arbeite aus vollem Herzen für ein freies Palästina, aber meine Vision geht weit darüber hinaus.

Zehn Jahre lang folgte ich der Vision eines Friedensforschungsdorfes im Nahen Osten, in dem Israelis, Palästinenser und Menschen aus anderen Nationen in gegenseitiger Unterstützung und Versöhnung zusammenleben. Wir haben viel getan, um diese Vision zu erreichen. Aber immer, wenn wir in gemischten Gruppen arbeiteten, hatten wir nach kurzer Zeit heftige Diskussionen über Verantwortung und Ungerechtigkeit. Wir schaffen es immer noch nicht, das zu vermeiden.

Deshalb beschlossen wir, für einige Jahre unsere Arbeit zu trennen. Die israelische Gruppe arbeitet jetzt in der israelischen Gesellschaft, und die palästinensische konzentriert sich auf Palästina. Ich begann, in der Westbank Gelegenheiten zu arrangieren, wo lokale Gemeinden lokale Experten treffen können, geschützt durch internationale Zeugen. Mit der Unterstützung des *Globalen Campus*, der in Tamera, Portugal, gegründet worden war, und der *Firma Lush* aus England begann ich 2013 auf der Hakoritna-Farm in Tulkarem. Fayez ist ein politischer Aktivist und Anführer, der wieder Bauer geworden ist. Einen Hof zu führen, ist seine Form des Widerstandes.

Modelle für Nachhaltigkeit und Autonomie aufzubauen, ist nicht nur ein Ausdruck meiner Liebe für die Erde; es ist ein Werkzeug des Widerstandes. Ich glaube, dass die erste Freiheit, die wir Palästinenser erreichen können, darin besteht, uns von den zentralen Versorgungssystemen für Nahrung, Energie oder Wasser unabhängig zu machen. Die Besatzungsmacht anzuklagen ändert nichts. Aber unsere Dörfer und Häuser in nachhaltige Modelle zu verwandeln, das ist unser Weg in die Freiheit. In den Workshops geht es nicht nur um Unterricht, sondern um Wiedererinnerung und Austausch über ein Wissen, das hier schon vorhanden war.

Ein Beispiel dafür ist der Solartrockner. Die palästinensischen Bauern können ihre Produkte wegen der Checkpoints und der Mauer nicht exportieren, sondern nur innerhalb des Landes verkaufen. Und da in so einem kleinen Land alle Produkte zur gleichen Zeit reif werden, ist der Markt jeweils überschwemmt von denselben Produkten: billigen Tomaten, Gurken oder Mandarinen. Bauern erhalten nie einen fairen Preis, das gilt besonders für den Anbau biologischer Produkte. Durch den Aufbau der Solartrockner haben wir ihnen die Möglichkeit gegeben, ihre Früchte und Gemüse für den Winter zu konservieren und dadurch ihre Lebensmittelsicherheit zu erhö-

hen. Als wir den Leuten aus dem Dorf diese Technik vorstellten, sagten sie: »Wir haben früher unsere Produkte auf dem Dach getrocknet, aber wir mussten sie jeden Abend herunternehmen und sie am Morgen wieder hinauftragen, und wenn es einmal regnete, war alles verdorben.« Der Solartrockner macht die Dinge einfach: Es ist ein Folientunnel mit solarbetriebenen Ventilatoren, die für die richtige Feuchtigkeit sorgen. Die Früchte sind nach einem Tag trocken.

Ein anderes Beispiel: Spülklosetts gehören eigentlich nicht zu unserer Kultur, aber heute verbrauchen sie einen Großteil unserer wertvollen Wasserressourcen. Wir haben Komposttoiletten gebaut, um eine alternative Technik zu zeigen – und nutz-

Komposttoiletten zum Wassersparen sind eine der ökologischen Neuerungen der Farm.

ten den Zaun vor der Trennungsmauer als eine ihrer Wände. Für einige der jungen Menschen sind die Workshops die erste Gelegenheit, eine Nacht außerhalb des Elternhauses zu verbringen und sich offen mit anderen auszutauschen. Wir machen Frauenrunden und andere Kreise zu allen Themen des Lebens. »Was geschieht nach dem Ende der Besatzung?«, ist eine Frage, die wir gern aufwerfen. Israelische Soldaten werden manchmal neugierig und kommen vorbei, natürlich mit Gewehren. Wenn keine internationalen Zeugen da sind, sind solche Besuche manchmal sehr unangenehm. Wie überrascht waren sie, als sie beim letzten Mal mit Händen voller frischer Erdbeeren empfangen wurden.

Die Arbeit auf dem Hof ist nur ein Anfang. Palästinenser heute sind beschäftigt mit den Fragen des täglichen Lebens. Von einem Landesteil in einen anderen zu fahren ist teuer. Wir sind nicht so verbunden, wie wir das früher waren. Da es fast keine Jobs innerhalb Palästinas gibt, stehen jeden Morgen Tausende in der Schlange zur Grenzkontrolle in der Hoffnung, ein paar Stunden lang für einen Mini-Lohn in Israel arbeiten zu können. Anstatt unsere Zeit an den Checkpoints zu verschwenden, könnten wir in unserem Land wertvolle Arbeit tun – wenn es nur mehr Vorbilder gäbe.

Viele Menschen sind in ihren Dörfern aktiv. Wir besuchen sie, organisieren Treffen, geben Ausbildungsseminare. Mittlerweile kennen uns die Menschen in der ganzen Westbank durch Fernsehen und Zeitungen. Die Gemeinden befürworten unsere Arbeit. Einige von uns haben das Privileg, die Mauer von beiden Seiten sehen zu können. Wir haben die Aufgabe, der anderen Seite die Realität mitzuteilen. Wir machen weiter damit, Schmerz in Hoffnung zu verwandeln, egal wie extrem und herausfordernd die Situation ist. Wir wollen Palästina wieder grün und frei sehen.

Fayez Taneeb, Bauer

Die israelische Besatzungsmacht hat 80% unserer Farm annektiert, um die Mauer und die chemischen Fabriken zu bauen. Uns verblieben nur noch zwei Hektar. Wir haben versucht, gewaltfrei die Zerstörung zu verhindern, ohne Erfolg. Trotzdem hat der Kern des Hofes all die Zerstörung überstanden. Für mich war das ein Wunder. Das war meine Motivation, einen Ort der Hoffnung aufzubauen. Mittlerweile waren zahllose Studenten, Journalisten, Frauenorganisationen und Unterstützer, auch von den lokalen Behörden hier, um sich von diesem Modell für Widerstand inspirieren zu lassen.

Tulkarem ist eine besondere Stadt. Der Wald reicht zwischen die Häuser hinein, überall sind Bäume. Tulkarems Einwohner sind bekannt für ihre Großzügigkeit und warmherzige Gastfreundschaft. Und wir haben berühmte lokale Produkte. Unsere Eiskrem ist die süßeste der Welt. Jeden Morgen gehen Muna und ich zehn Kilometer zu Fuß zu unserer Farm und bleiben den ganzen Tag dort. Hier fühle ich die tiefe Verbindung mit der Erde, Zugehörigkeit und Verbindung zur Natur und unseren Erzeugnissen.

Biogasanlage vor der Mauer

Wir haben Arbeiter und Frauen, die uns helfen. Die ökologischen und umweltfreundlichen Innovationen des Hofes und seine alternative Infrastruktur werden von Muna, mir oder unserem Sohn Oday betreut. Oday hat sich ein großes Wissen angeeignet und könnte der nächste sein, der die Vision weiterträgt. Wir benutzen den Solartrockner täglich. In jeder Jahreszeit experimentieren wir mit anderen Früchten. Im vergangenen Jahr trockneten wir Mispeln, Zitrusfrüchte und Weintrauben. Darüber hinaus haben wir Permakulturmethoden eingeführt, haben eine Samenbank, eine Biogasanlage und Komposttoiletten.

Wir waren immer großzügig, schenkten den Menschen, die wir trafen, etwas und halfen Leuten in Notlagen. Diesen Geist der Kooperation möchten wir mit jedem Atemzug beibehalten. Träger guter Nachrichten für andere zu sein, das ist es, was uns zu Menschen macht. Unsere Botschaft erzählt jetzt von gesundem Essen und gesundem Leben.

Trotzdem ist die Besatzung unseres Landes in jedem Moment unseres Lebens gegenwärtig, ob auf persönlicher Ebene oder als Gemeinschaft. Die Besatzung führt zu schweren Umweltproblemen: Industriemüll wird auf unseren Territorien vergraben, zahllose neue israelische Siedlungen auf den Hügeln lassen ihre Abwässer in die Dörfer und Höfe unterhalb ablaufen. Die elf chemischen Fabriken um Tulkarem durften in Israel nicht arbeiten, weil sie als zu umweltschädlich galten. Jetzt sind sie hier, und wir haben die höchste Krebsrate im ganzen Land.

Auch wirtschaftlich ist das Leben herausfordernd. Alle Werkzeuge müssen wir vom Besatzungssystem kaufen, das heißt, sie sind teuer. Aber unsere eigenen Produkte können wir nur auf unseren lokalen Märkten verkaufen. Wir fühlen die Präsenz der Besatzung ständig und arbeiten daran, sie zu beenden. Im Nahen Osten wird auf Ungerechtigkeit oft mit Gewalt reagiert. Aber ich glaube weiterhin an Gewaltfreiheit. Was mir Hoffnung macht, ist, dass unsere jungen Leute anfangen, die Vision mitzutragen. Ich kann in ihnen meine Zukunft sehen. Meine wunderbare Frau Muna gibt mir die Kraft, meine Arbeit fortzusetzen. Diese Frau mit ihrem großzügigen Sinn des Schenkens, des Schöpfens, Haltens und der Ausdauer ist unglaublich. Wann immer meine Energie schwindet, lädt sie mich mit Zutrauen auf, so dass ich weitermachen kann.

Aus meiner Sicht lebt die Menschheit wie auf einem gemeinsamen Schiff, und niemand hat das Recht, die Stelle, auf der er steht, zu beschädigen, denn das bringt uns alle um. Die Innovationen auf unserer Farm sind wie ein Leuchtturm für all die Menschen, die uns besuchen. Ich habe ein Versprechen abgegeben: Ich werde weiterhin für eine bessere Welt arbeiten und an der kraftvollen, aber einfachen Botschaft, wie man gesunde Nahrung erzeugt. Ich werde die Farm zu einem Modell für viele andere Projekte in der Westbank machen und vertraue darauf, dass mit der Zeit Hunderte von ähnlichen Projekten in ganz Palästina entstehen. Ich hoffe, dass aus dem *Globale Campus* und GEN-Palästina eine große Bewegung wird, die Menschen im ganzen Land und darüber hinaus verbindet.

In der Solution Library – solution.ecovillage.org:
Biogas
Compost Toilets
Solar Dryer

GEN-Gründungstreffen in Findhorn

Die Geschichte von GEN

Das Global Ecovillage Network von 1991 - 2015

Ross und Hildur Jackson, die »Eltern« und langjährigen Förderer von GEN, erzählen die Geschichte des Netzwerkes und seiner Gründung.

Im Jahr 2015 wird das *Global Ecovillage Network* (GEN) 20 Jahre alt, und *Gaia Education*, die Organisation, die die Prinzipien nachhaltigen Lebens unterrichtet und anfangs ein Teilprojekt von GEN war, geht ins zehnte Jahr. Ökodörfer sind real gelebte Beispiele, die zeigen, wie der ökologische Fußabdruck reduziert und gleichzeitig die Lebensqualität erhöht werden kann. Sie können in allen Ländern der Erde aufgebaut werden – und fördern globale Gerechtigkeit, Solidarität und Kooperation. In Ökodörfern können wir lernen, wie man Konflikte lösen kann, wie man globales Bewusstsein entwickelt, wie man Orte gestaltet, in denen Kinder natürlich aufwachsen können, wie man erneuerbare Energien nutzt, biologische Nahrung anbaut und ein Leben voller Liebe und Anteilnahme führt.

Die Ökodorf-Bewegung ist eine strategische Antwort auf die katastrophalen Auswirkungen einer weltweit dominierenden Weltanschauung, die für die große Mehrheit der Menschen und für die Erde einfach nicht mehr funktioniert. Die marktgesteuerte Gesellschaft kann niemals zu etwas anderem führen als zu Umweltzerstörung und einer wachsenden Kluft zwischen Arm und Reich.

Die Ökodorf-Bewegung ist Teil einer umfassenden zivilgesellschaftlichen Bewegung, die auf alle relevanten Themen Bezug nimmt. Wenn Ken Wilber »integrierte Praxis« empfiehlt, beschreibt er das Leben in einem Ökodorf. Die »freiwillige Einfachheit«, die Duane Elgin fordert, und die »nachhaltige Fülle«, die Bernard Lietaer beschreibt, finden wir im Leben von Ökodörfern. Wenn Paul Ray und Ruth Sherry Anderson die soziologisch relevante Gruppe der »Kulturell Kreativen« definieren, beschreiben sie Werte, die in Ökodörfern bereits gelebt werden. Während Thomas Berry dazu aufruft, die »Geschichte des Universums« neu zu erzählen, praktizieren Ökodörfler die neue Geschichte bereits. Während viele andere Teile der globalen Bewegung sich auf wichtige Einzelthemen fokussieren – wie Klimawandel, erneuerbare Energie, Wirtschaftsreformen usw. –, suchen Ökodörfer ganzheitliche Lösungen und setzen sie in gelebtes Leben um.

Es ist eine Idee, deren Zeit nun endlich gekommen ist und die immer breitere Anerkennung findet. Immer mehr Menschen wollen eine nachhaltige und gerechte Gesellschaft, die nicht die Bedürfnisse multinationaler Konzerne deckt, sondern jene von normalen Menschen überall auf dem Planeten. Das Ziel dieser globalen Bewegung ist es, die Gesellschaft von Grund auf zu verändern. Aber als Graswurzelbewegung allein werden wir es nicht schaffen. Wir brauchen radikal überarbeitete Handelsabkommen, funktionierende Klimavereinbarungen und echtes Engagement in den ärmsten Ländern der Erde. Das wird nur mit Verbündeten aus der Politik gelingen, die mit unserer Analyse übereinstimmen. Darüber schrieb Ross sein letztes Buch: *Occupy World Street.*

Anfang

Dies ist ein Bericht über die Meilensteine der Entwicklung von GEN, wie wir sie von unserer persönlichen Perspektive aus erlebt haben.

Hildurs Geschichte

Nach ihrem Jura-Abschluss ging Hildur im Januar 1967 nach Israel in einen Kibbuz, um herauszufinden, ob Menschen in der Lage sind, für das Gemeinwohl zu arbeiten oder ob sie grundsätzlich egoistisch sind. Das war ein häufiges Diskussionsthema zwischen ihr und ihrem Freund Ross

Jackson. Im Kibbuz kam sie zu der tiefen Überzeugung, dass die menschliche Natur veränderbar ist und dass wir eine bessere Gesellschaft aufbauen können. Sie heiratete Ross und bekam ihr erstes Kind im Februar 1968. Es war dieselbe Woche, als Auroville gegründet wurde, die Zeit der großen Studentenaufstände Europas. Sie studierte Kultur-Soziologie in Dänemark in der Hoffnung, etwas über gesellschaftliche Veränderung zu lernen. Denn die Dinge mussten sich ändern, und sie wollte Teil davon sein. Die Wissenschaft brauchte dringend ein neues Paradigma: eine respektvolle Sprache, die Wiederannäherung von Wissenschaft und Religion – eine ethische Wissenschaft und eine Religion, der reale Erfahrungen zugrundeliegen. Und vor allem sollte die Wissenschaft den Menschen dabei helfen, aktiv zu werden. Wie schon Thomas Berry sagte: »Wir sind keine Ansammlung von Objekten, sondern eine Gemeinschaft von Subjekten.«

Während der nächsten zehn Jahre war sie Teil verschiedener sozialer Bewegungen und gründete gemeinsam mit ihrem Mann und einigen Freunden eines der ersten Co-Housing-Projekte Dänemarks. Alles schien möglich.

Hildur hörte von *The Nordic Alternative Future Project*, initiiert von Erik Dammann, dem Gründer von *Die Zukunft in unseren Händen*. Das Projekt verband 100 nordische Graswurzelbewegungen mit der Wissenschaft und wollte Lösungen für die globalen, sozialen und ökologischen Probleme unserer Zeit ausarbeiten. Forschungsräte entstanden in verschiedenen Ländern Skandinaviens. Hildur arbeitete zehn Jahre lang als Koordinatorin der dänischen Gruppe und überbrachte später dem Frauen-UN-Treffen in Nairobi den Bericht: »Zukunftsbriefe aus dem Norden«. Es war auch der Beginn einer Freundschaft mit Wangari Maathai.

Hildur wurde klar, dass wir das nötige Wissen haben, um die Welt zu verändern. Aber wir im Norden müssen zunächst Ordnung im eigenen Haus schaffen. Wir müssen nachhaltige Gemeinschaften aufbauen und aufhören, den Rest der Welt auszubeuten. Sie gründete 1987 den *Gaia-Trust*, eine dänische Wohlfahrtsorganisation, und formulierte dessen Yin-Yang-Strategie: 400 Jahre lang hatten Technologie und Ökonomie (*yang*) die gesellschaftliche Organisation bestimmt. Nun mussten die Menschen lernen, so zusammenzuleben, dass Harmonie zwischen Frauen und Männern und mit der Natur entsteht, spirituell befriedigend und global gerecht. Das war der *Yin*-Teil der Strategie. Der *Yang*-Teil bestand darin, diese Vision durch geeignete Technologien zu unterstützen.

Ross' Geschichte

Der Weg von Ross verlief ganz anders. Als Management-Berater war er auf Unternehmensforschung spezialisiert und hatte umfassende Erfahrungen in vielen Branchen gesammelt. Der nachlässige Umgang mit der Umwelt und die immer größer werdende Spanne zwischen Arm und Reich bereiteten ihm Sorgen. Er pflichtete den Schlussfolgerungen von *Grenzen des Wachstums* bei und war sicher, dass die Zivilisation in absehbarer Zeit vor gewaltigen Problemen stehen würde. Er glaubte wie Hildur nicht daran, dass von Politikern eine Veränderung zu erwarten wäre, denn sie waren ja Teil des Problems.

Nachdem er eingehend Devisenhandel erforscht hatte, setzte er von 1984 bis 1986 sein eigenes Geld ein – mit Erfolg. 1987 überließ er dieses System exklusiv dem *Gaia-Trust*, damit dieser sein Aktionsprogramm mit eigenen Geldern finanzieren und so seine große Vision realisieren könnte.

Ross gefiel die Idee, ein Netzwerk von Ökodörfern zu unterstützen. Für ihn waren sie eine strategische Möglichkeit, ein Gegengewicht zu der globalen Wirtschaftskrise, auf die wir zwangsläufig zusteuern, zu schaffen. Ganz gleich ob der Wandel durch den Zusammenbruch der Finanzsysteme ausgelöst werden wird oder ob wir in der Lage sind, rechtzeitig den Übergang in eine nachhaltige Zukunft zu gestalten: Wir sind auf dem Weg zu einer vollkommen neuen Kultur. Diese baut auf neuartigen menschlichen Siedlungen auf, und dafür brauchen wir Modelle. Ein Netzwerk von Ökodörfern, die solche Modelle vorleben, wäre deshalb eine vielversprechende Basis. Dass es niemanden sonst gab, der Ökodörfer damals irgendwie unterstützte, war für Ross ein weiterer Anreiz.

Seine Geschäftsaktivitäten liefen sehr gut an; bald flossen größere Summen in den *Gaia-Trust*, und wir konnten überlegen, wie diese neuen Ressourcen am besten einzusetzen waren.

Die frühen Jahre: 1991-2004

Fjordvang 1991

1990 kauften wir Fjordvang, die frühere »Welt-Universität«, einen Bauernhof in West-Dänemark, der unter der Leitung von Aage Rosendal Nielsen 25 Jahre lang als internationales Ausbildungszentrum gedient hatte. 1991 zogen wir dort gemeinsam mit Robert und Diane Gilman, beide Redakteure des *In-Context-Magazins*, ein. Als erstes beauftragten wir Robert und

Diane damit, Beispiele für gute Ökodörfer weltweit zusammenzutragen. Der *Gilman's-Report* für den *Gaia-Trust* zeigte, dass es zwar viele spannende und sehr unterschiedliche Gemeinschaften gab, aber noch kein voll ausgeprägtes, ideales Ökodorf. Doch in ihrer Ergänzung zeigten die bestehenden Projekte die Vision einer neuen Kultur; und diese Beispiele für eine neue Lebensweise hatten großes Potential.

Basierend auf dem *Gilman's-Report* luden wir zwanzig Vertreter der besten Gemeinschaften sowie einige Vordenker aus anderen Bereichen im September 1991 ein, um über eine bestmögliche Verwendung des *Gaia-Trust*-Vermögens zu beraten. Unter den Teilnehmern waren einige spätere Schlüsselpersonen von GEN, Max Lindegger, Declan Kennedy und Albert Bates, sowie einige bekannte Denker wie Karl-Henrik Robert, der Gründer von *The Natural Step*, David Korten (der später *When Corporations Rule the World* schrieb) und Marilyn Mehlmann vom *Global Action Plan*. Im Konsens beschloss diese Gruppe, dass der *Gaia-Trust* Menschen und Gruppen unterstützen sollte, die das neue Paradigma bereits ganz real lebten: nämlich Ökodörfer. Die Gruppe kam zu dem Schluss, dass Ökodörfer eine Schlüsselrolle für die Veränderung spielten, die die Welt brauchte, aber gleichzeitig keinerlei Unterstützung aus anderen Quellen erhielten. Die Welt brauchte Beispiele, die zeigten, wie man in Harmonie mit der Natur, nachhaltig, spirituell bewusst und gleichzeitig auf technisch hohem Niveau leben konnte.

Oft werden wir gefragt: Welches waren die ersten Ökodörfer? Das ist nicht leicht zu beantworten, denn viele Mitglieder von GEN wurden gegründet, bevor es das Wort Ökodorf überhaupt gab. In den 1960er Jahren waren an verschiedenen Orten der Welt sehr unterschiedliche Gemeinschaften entstanden, viele davon zunächst aus einem spirituellen Motiv. Dazu gehören *Findhorn* in Schottland, *The Farm* in Tennessee, USA, *Sarvodaya* in Sri Lanka und die *NAAM-Bewegung* in Burkino Faso. Die Wurzeln von *Solheimer* in Island reichen sogar bis in die 1930er Jahre zurück. Der deutlichste Impuls wurde durch den indischen Philosophen Sri Aurobindo und seinem Gegenüber, der *Mutter*, gesetzt; ihre Vision von *Auroville* wird seit 1968 in Indien verwirklicht.

Die Idee intentionaler Gemeinschaften geht noch viel weiter zurück, wie es auch Geoph Kozeny in seinem Film *Visions of Utopia* von 2003 beschreibt. Gemeinschaft ist nichts Neues, im Gegenteil, sie ist seit Urzeiten die Essenz menschlicher Kultur. Aber durch den neuen Namen erhielt das Konzept frische Energie.

Im Jahr 1993 gründete der *Gaia-Trust* das dänische Ökodorf-Netzwerk, das erste nationale Netzwerk. Bei einem weiteren Strategietreffen für das globale Netzwerk in Fjordvang entstand ein loses informelles Netzwerk mit einem Sekretariat in Dänemark, gesponsert vom *Gaia-Trust* und geleitet von Hamish Stewart.

Findhorn 1995

Im Jahr 1995 tat die Bewegung einen großen Schritt nach vorn. Die *Findhorn-Gemeinschaft* organisierte die Konferenz »Ökodörfer und nachhaltige Entwicklung für das 21. Jahrhundert«, geleitet von John Talbot, Diane Gilman und dem entstehenden informellen Ökodorf-Netzwerk. Sie wurde ein großer Erfolg. Die Inhalte der Konferenz wurden 1996 im *Ecovillages and Sustainable Communities; Models for 21st Century Living (Findhorn Press)* veröffentlicht. Die Konferenz hatte über 400 Teilnehmer aus 40 Ländern, es wären 700 gewesen, hätten wir mehr Platz gehabt. Spätestens seit dieser Konferenz war klar, dass das Ökodorf-Konzept den Nerv vieler Menschen getroffen hatte.

Anschließend trafen sich 20 Vertreter verschiedener Ökodörfer und gründeten offiziell das *Global Ecovillage Network* – GEN und seine anfangs drei regionalen Unter-Netzwerke. Deren Zentren waren die Ökodörfer *The Farm* (USA), *Lebensgarten* (Deutschland) und *Crystal Waters* (Australien); das internationale Büro blieb zunächst im *Gaia-Trust* in Dänemark. Der *Gaia-Trust* verpflichtete sich, das Netzwerk während der nächsten drei bis fünf Jahre zu finanzieren. Sie einigten sich auf die Strategie, zunächst die regionalen Netzwerke auszubauen und die bereits bestehenden Ökodorf-Projekte zu vernetzen. Doch von Anfang an stand ein zweites Ziel im Mittelpunkt: GEN sollte ein Ausbildungsnetzwerk für Nachhaltigkeit aufbauen, als globale Dienstleistung und inhaltliche Querverbindung unter den Regionen, sobald das Budget und das Personal dafür vorhanden wären.

UN Habitat II: Istanbul

Rashmi Mayurs leidenschaftliche Teilnahme an der Findhorn-Konferenz inspirierte uns dazu, im nächsten Sommer in Istanbul an der UNO-Konferenz *Habitat II* teilzunehmen. Wir bereiteten eine größere Ausstellung auf dem NGO-Forum vor: Als Wand für Poster und Fotos von Ökodörfern aus der ganzen Welt diente eine lange lehmverputzte Strohballenwand. Eine Modell-Windmühle, Solarzellen und fließendes Wasser schufen eine spezielle Atmosphäre. Hildur hatte von der Broschüre *Die Erde ist unsere Wohnung* 5000 Exemplare drucken lassen. Mehr als 40 Workshops über alle Themen von Ökodörfern im globalen Kontext fanden statt. Im Außengelände baute ein GEN-Team gemeinsam mit Baumeistern der Region ein traditionelles *Harran-Haus* auf.

Der indische Architekt Suhasini aus Auroville baute in nur fünf Tagen ein erdbebensicheres Haus. Die komprimierten Lehmziegel hatte er während dieser Zeit auf dem Gelände mit einer handbetriebenen Press-Maschine gefertigt.

Hanne Strong hatte 40 spirituelle Führer eingeladen, die in ihrem Abschluss-Statement Ökodörfer als ein wichtiges neues Konzept anpriesen. Viele Gäste der offiziellen Konferenz besuchten und lobten die GEN-Ausstellung, und schließlich wurde GEN eingeladen, auf der Versammlung der offiziellen UNO-Delegierten zu sprechen. Ross schrieb die Rede, Helena Norberg-Hodge hielt sie und erhielt große Zustimmung. Istanbul hatte GEN auf die globale Landkarte gebracht.

Regionale Netzwerke

Die nächsten drei Jahre dienten dem Aufbau des Netzwerkes unter der Leitung der drei Regional-Sekretäre: Declan Kennedy, Albert Bates und Max Lindegger. Sie bildeten das erste GEN-Board, das von Hamish Stewart, dem internationalen Sekretär in Fjordvang, koordiniert wurde.

So gab es schließlich drei Netzwerke, die selbständig arbeiteten und den ganzen Erdball abdeckten: ENA, das Ökodorf-Netzwerk Amerikas, GEN Europe, das für eine Weile auch Ökodörfer in Afrika vertrat, und GENOA für Ökodörfer in Australien und Ozeanien. Das GEN-Board traf sich in dieser Zeit an jeweils verschiedenen Orten der Erde.

Der Gaia-Trust drosselt seine Unterstützung

Im Juni 2001 kündigte der *Gaia-Trust* an, seine Unterstützung für GEN nun langsam herunterzufahren. Aber nicht, weil der *Gaia-Trust* sein Vertrauen in GEN verloren hätte. Es hatte immer zu seiner Strategie gehört, mit seinem Kapital eine Startphase zu finanzieren, nach der das Projekt dann selbständig werden müsste.

Spiritualität in Ökodörfern

Ökodörfer integrieren viele Aspekte des Mandalas der Dimensionen, sind offen und lernen voneinander. Für uns war es besonders spannend, so viele Gemeinschaften mit unterschiedlichen spirituellen Praktiken kennenzulernen. Das ist etwas Besonderes. In einer Welt, die durch religiöse Konflikte erschüttert wird, gab es in Ökodörfern dieses Problem nie. Ganz im Gegenteil. Wir haben in allen Traditionen gebetet und meditiert und fühlten uns von allen akzeptiert und bereichert. In der internationalen Gemeinschaft der Ökodörfer arbeiten Menschen vieler spiritueller Traditionen zusammen, akzeptieren und lieben einander. Wir haben dieselben Werte, unabhängig von Religion und Kultur. Das ist der interreligiöse Austausch, den die Welt braucht.

Wie angekündigt zahlte der *Gaia-Trust* ab Juni 2003 nur noch ein Zehntel seiner bisherigen Unterstützungsgelder. Mit all seinen großen Zielen wurde GEN nun eine Organisation von Volontären und Freiwilligen.

Ausbildung für Nachhaltigkeit

Von Anfang an war mit dem Aufbau des GEN-Netzwerks die Idee eines Ausbildungsprogramms für Nachhaltigkeit verbunden. Bis Ende der 1990er Jahre gaben die meisten der großen Ökodörfer in ihren Regionen Workshops und Seminare, denn natürlich wollten sie ihr Wissen weitergeben. Meistens unterrichteten sie Permakultur, Nachhaltigkeit und Ökodorf-Design. Einige der größeren nannten sich »Lebens- und Lernorte«, ein Begriff von Philip Snyder. Was fehlte, war ein allgemeingültiges Curriculum.

1998 lud Hildur 55 Lehrer aus dem Netzwerk nach Fjordvang ein, um Ross' 60. und Max Lindeggers 50. Geburtstag zu feiern und gemeinsam über die Idee eines umfassenden Ausbildungsprogramms für Nachhaltigkeit nachzudenken. Die Wissensbereiche biologische Landwirtschaft, Permakultur, erneuerbare Energie, Abwasserreinigung, Gruppenleitung, ökologisches Bauen, Konfliktlösung und ethisches und ökologisches Wirtschaften sollten in einem Programm zusammengefasst werden. Durch die Wissensvermittlung direkt in der Praxis der Ökodörfer würde das Studium durch praktische Anschauung ergänzt. Das Curriculum, das auf dem Konzept der Lebens- und Lehr-Orte aufbauen sollte, entspräche einem neuen Paradigma in der Ausbildung: Es ging darum, die neue Lebensweise kennenzulernen und zu studieren, indem man sie bereits lebt.

Im Juni 2004 initiierte Hildur ein weiteres Treffen mit 30 Ausbildern in Findhorn. Der Ausgangspunkt war das *Rad der Nachhaltigkeit*, wie es in Hildurs und Karen Svenssons Buch *Ecovillage Living: Restoring the Earth and Her People* von 2002 beschrieben wird.

Im Oktober 2006 wurde *Gaia Education* (www.gaiaeducation.net) als eigenständige Organisation gegründet und gedieh unter der wunderbaren Leitung von May East. Seit der GEN+10-Konferenz im Oktober 2005 in Findhorn arbeiten GEN und *Gaia Education* eng zusammen, sind aber unabhängige Organisationen. Ihr erstes »Produkt« war ein vierwöchiger Kurs mit dem Titel: *Ecovillage Design Education* (EDE). EDE-Kurse wurden schon in allen Erdteilen angeboten, bis jetzt in 35 Ländern. 2008 wurde gemeinsam mit der *Offenen Universität von Katalonien* in Barcelona eine Online-Version des EDE-Kurses entwickelt, die ab 2015-16 als zweijährige Master-Ausbildung anerkannt wird. Das Curriculum kann in 10 Sprachen auf der *Gaia Education* Webseite abgerufen werden.

Nach den Budget-Kürzungen von 2003 entwickelte sich GEN während der folgenden sechs Jahre deutlich langsamer. Es war eine schwierige Zeit. Dennoch zog die jährliche GEN-Konferenz im Juli jedes Jahr mehr Menschen an. Die Ökodorf-Idee erreichte mittlerweile auch Osteuropa und Russland. Die *Gaia Education* hauchte ab 2005 vielen Ökodörfern neues Leben ein. Ausbildung war nicht mehr nur ein Instrument für Öffentlichkeitsarbeit: Man konnte jetzt damit auch Geld verdienen. Das frei zugängliche Ausbildungsmaterial und ein ständig aktualisiertes Curriculum, anerkannt von UNITAR und UNESCO, zogen viele lernbegierige Menschen an. Ausbildung und Wissensvermittlung wurden zu einem essentiellen Bestandteil aller Ökodörfer.

Die Wiederbelebung von GEN

Mit der Wahl von Kosha Joubert als GEN-Präsidentin im Jahr 2008 begann wieder eine aktive Phase in der Geschichte von GEN. Kosha war eine der 30 Ausbilder, die das Curriculum der *Gaia Education* entwickelt hatten; sie führte es erfolgreich in ihrem eigenen Ökodorf ein – Sieben Linden in Deutschland – und beantragte ebenso erfolgreich finanzielle Mittel von der deutschen Bundesregierung. Besonders am Herzen lag ihr, dem afrikanischen Netzwerk zur Selbständigkeit zu verhelfen. Das gelang im Dezember 2012 – wieder mit der finanziellen Unterstützung des deutschen Außenministeriums, das die Entwicklungen seither mit großem Interesse verfolgt.

Kosha und ihr Team waren sehr kreativ darin, das Spektrum der GEN-Aktivitäten zu vergrößern, während sie gleichzeitig Schwung in alle Regionen brachten. Eine effektivere Organisation und größere Vision entwickelten sich. 2013 entstand das lateinamerikanische CASA-Netzwerk aus dem amerikanischen Netzwerk heraus. Die Jugendorganisation NextGEN begann zu florieren.

Im Dezember 2012 feierte die Welt das Ende eines Maya-Zeitalters und den Beginn eines neuen. Der *Gaia-Trust* beschloss, fünf Preise an die Initiatoren und wichtigsten Personen von GEN und *Gaia Education* zu verleihen – stellvertretend für alle, die dabei geholfen hatten, eine neue Kultur zu gebären: an Max Lindegger, Albert Bates und Declan Kennedy für den Aufbau des GEN-Netzwerkes und an May East und Kosha Joubert für ihre inspirierende Leitung von *Gaia Education* und GEN während der letzten Jahre.

Wenn Sie Ökodörfer wie Findhorn, Sieben Linden, Tamera, Damanhur, Auroville oder das EcoVillage Ithaca besuchen, können Sie das Entstehen einer neuen Kultur beobachten. Bei aller Unterschiedlichkeit finden sich Menschen in einem Vorgang der Veränderung mit dem Ziel, ein volles und freudiges Gemeinschaftsleben zu führen, den ökologischen Fußabdruck gering zu halten und nicht das alte GEN-Sprichwort zu vergessen: »Wenn es keinen Spaß macht, ist es auch nicht nachhaltig.«

In Kooperation: May East, Präsidentin von Gaia-Education, und Kosha Joubert, Präsidentin von GEN International

Wie Sie ein Teil der Bewegung werden können

Wenn dieses Buch Sie dazu inspiriert, zum Aufbau einer besseren Welt beizutragen, dann sind Sie herzlich eingeladen, bei GEN mitzumachen.

In Ihrer Region

Finden Sie ein Ökodorf in Ihrer Nähe und bieten Sie ihm an, auf freiwilliger Basis mitzuhelfen. Es ist eine gute Möglichkeit, die Gemeinschaft kennenzulernen und zu sehen, ob das etwas für Sie ist. Wenn es keine Ökodörfer in Ihrer Nähe gibt, dann fragen Sie öffentlich, warum nicht. Es könnte sein, dass Sie andere finden, die so denken wie Sie.

Landesweit

Einige Länder haben nationale Netzwerke von Ökodörfern, die Ihnen helfen können, das Ökodorf zu finden, das Sie suchen, oder sie können Ihnen Rat geben, wie man in Ihrem Land ein Ökodorf gründet. Wenn es Ökodörfer gibt, aber noch kein Netzwerk, können Sie ihnen bei der Netzwerkarbeit helfen und vielleicht bei der Gründung eines nationalen Netzwerkes mitwirken. Wenn es keine Ökodörfer im Land gibt, können Sie erwägen, GEN-Botschafter zu werden. Das heißt, dass Sie das Konzept der Ökodörfer in Ihrer Region vorstellen und vertreten. Finden Sie dazu mehr Details auf unseren Webseiten.

Auf Ihrem Kontinent

Wenn Sie ein Projekt haben, dann erwägen Sie bitte, eine Mitgliedschaft als Vollmitglied, angehendes Mitglied oder Fördermitglied zu beantragen. GEN ist weltweit präsent, und es gibt viele Möglichkeiten, als Freiwillige in einem Regionalbüro mitzuarbeiten oder ein Praktikum zu machen. In den meisten Fällen müssen Sie dabei Ihre eigenen Kosten übernehmen. Schauen Sie, ob es Fahrtkosten-Unterstützung oder Stipendien gibt. Es ist eine gute Möglichkeit, einen Überblick über die Ökodorf-Bewegung zu erhalten, einschließlich städtischer Projekte und innovativer sozialer Unternehmen in Ihrer Region. Sie können auch Ihre Master- oder Doktor-Arbeit über eines der vielen Themen rund um nachhaltige Gemeinschaften schreiben, kontakten Sie uns bei Interesse.

Global

GEN hat eine globale Organisation, und wir wollen unser Netzwerk dort entwickeln, wo Sie sind. Es gibt Möglichkeiten, Ihre Kenntnisse in Übersetzung, IT, Kommunikation und PR, Lobbyarbeit und Fundraising in internationalen Arbeitsgruppen, die online arbeiten, einzusetzen. Das GEN-International-Büro ist immer daran interessiert, Freiwillige und Praktikanten aufzunehmen. Leider haben wir derzeit nicht die Möglichkeit, Praktikanten zu bezahlen, all unsere Freiwilligen organisieren sich ihre Bezahlung über Erasmus+. Wir nehmen Praktikanten ab einer Dauer von drei Monaten.

Wo immer Sie leben, können Sie ein **Freund von GEN** werden, indem sie unserer **Friends-of-GEN**-Kampagne beitreten. Diese Fundraising-Kampagne unterstützt weltweit die Arbeiten von Gruppen zur Einleitung der Veränderungen, welche wir so dringend brauchen. Finden Sie mehr Informationen auf unseren Webseiten!

Interessiert?

Wenn Sie interessiert sind, senden Sie uns Ihren Lebenslauf und ein Motivationsschreiben, vermerken Sie die Art von Aufgaben, die Sie gern übernehmen wollen, die Zeiten, wann Sie als FreiwilligeR mitarbeiten möchten und wie Sie sich dabei finanziell selbst tragen werden.

GEN International:
info@ecovillage.org
www.ecovillage.org

GEN Europe:
info@gen-europe.org
www.gen-europe.org

Weltkarte der GEN-Projekte

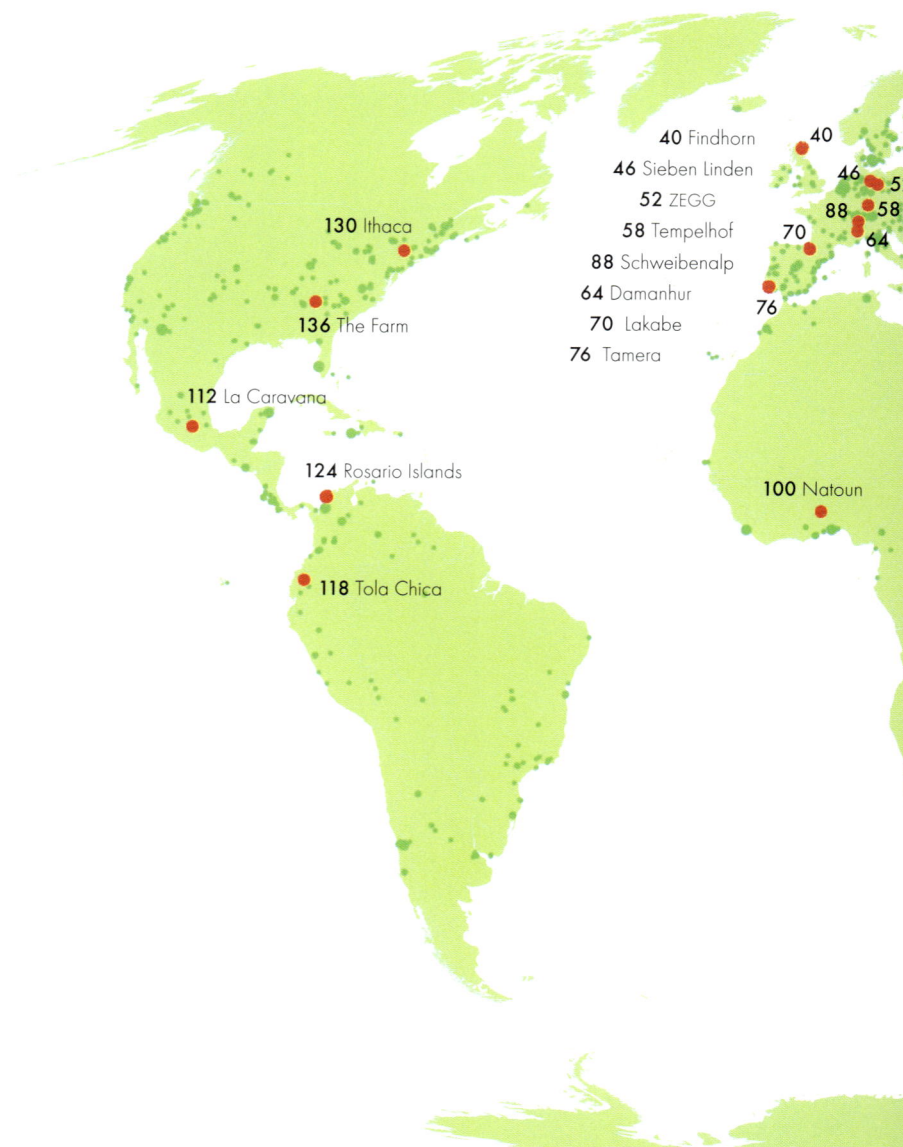

40 Findhorn
46 Sieben Linden
52 ZEGG
58 Tempelhof
88 Schweibenalp
64 Damanhur
70 Lakabe
76 Tamera

40

46

52

88

58

70

64

76

130 Ithaca

136 The Farm

112 La Caravana

124 Rosario Islands

100 Natoun

118 Tola Chica

Weltkarte der Ökodörfer: Jeder grüne Punkt zeigt ein Ökodorf an. Die im Buch präsentierten

40 Kitezh

82 Günesköy

160 Kibbuz Lotan

166 Hakoritna Farm

94 Sekem

148 Ladakh

154 Auroville

142 Wongsanit-Ashram

106 Grüne Schulen

Projekte sind rot markiert und mit Name und Seitenzahl beschriftet.

Das Netzwerk

GEN im Internet

Regionale Webseiten von GEN

Jeder der sieben GEN-Verbände – GEN-International, GEN-Africa, GEN-Europe, GEN-NA, GENOA, CASA und NextGEN – hat seine eigene Webseite mit spezifischen Informationen aus der Region.

GEN International: gen.ecovillage.org

GEN-International ist die Dachorganisation, die alle regionalen Netzwerke und die globale Bewegung der Ökodörfer als Ganzes repräsentiert. Hier finden Sie auch Neuigkeiten, Veranstaltungen, Quellen und Informationen, die für GEN auf globaler Ebene relevant sind.

GEN-Europe: gen-europe.org

GEN-Europe ist der europäische Ökodorf-Verein. Er vertritt soziale Tragfähigkeit, Umweltschutz und Heilung der Natur durch das Konzept der Ökodörfer als Modelle für nachhaltige menschliche Siedlungen.

GEN-Africa: gen-ecovillage.org

GEN-Africa tut dasselbe für die afrikanischen Ökodörfer.

GENOA: genoa.ecovillage.org (TBC)

GENOA ist ein Netzwerk von Menschen, Ökodörfern und Organisationen in der Region von Asien und Ozeanien.

ENA: ena.ecovillage.org (TBC)

ENA, das Ökodorf-Netzwerk von Nordamerika ist vor allem in den USA und Kanada aktiv.

CASA: casa.ecovillage.org

CASA bedeutet: Council of the Americas Sustainable Settlements. CASA koordiniert und stärkt die lateinamerikanischen Netzwerke für ein nachhaltiges Leben.

NextGEN: nextgen.ecovillage.org

NextGEN ist die Jugendbewegung des *Global Ecovillage Network* und ist in allen Regionen aktiv.

Verzeichnis europäischer Ökodörfer und Gemeinschaften:
http://eurotopia.de

Bibliothek der Lösungen – Solution Library: solution.ecovillage.org

In einer Zeit ungezählter Herausforderungen finden wir ebenso ungezählte Lösungen und Menschen, die sie nur zu gern anwenden möchten. Die Bibliothek der Lösungen verbindet sie. Sie hat eine klare Eingabemöglichkeit mit einfachen Pfaden, die den Nutzer rasch zu der Information führen, die er sucht. Wir wollen Lösungen für den Wandel zu mehr Nachhaltigkeit universell verfügbar machen.

GEN Sites: sites.ecovillage.org

GEN Sites ist die Online-Gemeinschafts-Plattform des Global Ecovillage Network. Eine Vielzahl von Eigenschaften unterstützen die Netzwerkarbeit und die gemeinsame Projektentwicklung. Das umfasst Neuigkeiten und Veranstaltungen des Netzwerkes ebenso wie ein Forum und einen Marktplatz. Es umfasst auch eine Datenbank mit Informationen über Projekte und Ökodörfer aus der ganzen Welt.

Die GEN-Datenbank: db.ecovillage.org

Die GEN-Datenbank hat ein klares Eingabefenster, um Projekte und Veranstaltungen in unserer Online-Gemeinschaft zu sehen und zu verwalten. Sie bietet Zugang zu allen Daten von GEN-Sites, aber ohne die sozialen Elemente. Sie fokussiert sich auf eine klare und saubere Struktur.

Die Jugendorganisation von GEN: NextGEN

Seit 2005 arbeiten junge Menschen daran, eine Jugend-Bewegung innerhalb des bestehenden Ökodorf-Netzwerkes aufzubauen. NextGEN ist der Name dieses GEN-Jugendnetzwerkes. NextGEN errichtet jugendbezogene Projekte in jeder Region von GEN, seine Mitglieder repräsentieren eine große Vielfalt junger Menschen aus aller Welt.

Seit 2013 veranstaltet NextGEN verschiedene Jugendprogramme, allesamt entstanden aus dem leidenschaftlichen Wunsch junger Menschen, ein sinnvolles Leben zu führen. Ihre Neugier ist die Basis echter Innovationen. Ihre Projekte konzentrieren sich einerseits auf ökologische Programme wie zum Beispiel Permakultur oder ökolgische Clubs und andererseits auf internationalen Jugendaustausch und Mitarbeit in Projekten des globalen Südens. Im interkulturellen Austausch finden und entwickeln sie neue Formen von Bildung, Kunst und neue Kommunikationsformen, die in ihnen ungeahnte Kräfte freisetzen. Die Energie, die durch den Spaß und die Aktivitäten in Teams aufkommt, heilt alte Wunden und zeigt neue Wege.

NextGEN hat in der kurzen Zeit seines Bestehens gezeigt, dass die Entfaltung Jugendlicher ein wichtiger Schritt ist, um den gesellschaftlichen Käfig von Anpassung und Kontrolle zu verlassen. Die reale Welt lässt sich nicht kontrollieren. In der realen Welt zu leben, heißt, sich den realen Herausforderungen zu stellen. Ihr seid alle eingeladen mitzumachen

Im Juli 2013, während der jährlichen GEN-Konferenz auf der Schweibenalp in der Schweiz, wurde NextGEN mit dem *Gaia Excellency Award* ausgezeichnet. Er wird jedes Jahr dem Projekt verliehen, das sich innerhalb des vergangenen Jahres am meisten weiterentwickelt hat. Dieser Erfolg war vor allem den inspirierenden Präsentationen von jugend-orienterten Projekten aus aller Welt zu verdanken. Der Preis, der von der Generalversammlung der Ökodörfer verliehen wurde, war ein Zeichen für den Glauben und die Unterstützung aus der ganzen GEN-Familie und verdoppelte NextGENs Engagement, eine starke Jugendbewegung aufzubauen in klarer Verbindung mit GEN.

Besuchen Sie unsere Webseite: nextgen.ecovillage.org mit Links und Kontakten zu allen Regionen.

GEN Newsletter

Der (englischsprachige) GEN Newsletter ist das Haupt-Kommunikationsmedium der internationalen Ökodorf-Bewegung und wird viermal im Jahr an über 12.000 Adressen verschickt, darunter auch Entscheidungsträger, soziale Medien, Magazine und Zeitungen. Er entsteht durch die lebendige Mitwirkung von uns allen: von Menschen aus Ökodörfern und regionalen Netzwerken, von GEN-Botschaftern und AktivistInnen verwandter Bewegungen.

Der Newsletter ist ein Forum für Ereignisse, Innovationen und Entwicklungen aus der Welt der Ökodörfer. Er kann kostenlos auf unserer Webseite als PDF heruntergeladen oder abonniert werden: gen.ecovillage.org

Wir freuen uns über Beiträge jeglicher Art. Bitte senden Sie sie an: news@ecovillage.org

Die Bibliothek der Lösungen – The Solution Library

Unser Planet ist unter Druck. Die Menschheit steht vor der Herausforderung, unsere Ökosysteme zu heilen. Gleichzeitig gibt es bereits Lösungen für viele Probleme und ebenso viele Menschen, die sie gerne anwenden würden. Die *Solution Library* wurde aufgebaut, um Menschen das Wissen über Lösungen zu verschaffen, die der Menschheit und allem Leben eine Zukunft bieten können. Sie ist eine Plattform für Lösungen, die in allen Ecken der Welt entwickelt wurden, und macht sie auf einer einfach zu bedienenden Webseite sichtbar.

Darüber hinaus bietet sie die Möglichkeit, sich über die Erfahrungen mit der Anwendung von Lösungen auszutauschen. Mitglieder können sich miteinander verbinden oder mit den Projekten, deren Lösung sie anwenden.

Auf diesem Weg unterstützt die *Solution Library* den globalen Austausch von Wissen und Expertise und befähigt Menschen überall, machbare Lösungen umzusetzen. Und vielleicht das Beste: Das ganze ist völlig kostenlos.

Wir laden Sie herzlich ein, die Webseite aufzurufen, zu teilen und zu vernetzen. solution.ecovillage.org

Viel Spaß!

GEN Deutschland

Seit den Anfängen von GEN gingen von den Gemeinschaften und Ökodörfern Deutschlands wichtige Impulse für das mittlerweile weltweite GEN-Netzwerk aus. Aber erst seit 2014 gibt es auch in Deutschland ein nationales Netzwerk. Wir verstehen uns als wichtiges Bindeglied zwischen den deutschen Gemeinschaften und dem internationalen GEN-Netzwerk, als Teil einer Familie, Teil einer Bewegung mit gemeinsamer Entwicklungsrichtung.

Unsere Mitglieder – Ökodörfer, Kommunen sowie Wohn- und Lebensprojekte – verstehen sich im Sinne des *Global Ecovillage Networks* als Forschungs- und Trainingsorte mit Modellcharakter für die Gesellschaft als Ganzes. Wir stellen unsere Erfahrungen zur Verfügung und schaffen vielfältige Unterstützungsmöglichkeiten für bestehende und neu entstehende Strukturen.

Unsere Gemeinschaften werden durch selbstbestimmte, werteorientierte, partizipatorische Prozesse gestaltet, um die langfristige Nachhaltigkeit auf ökonomischer, ökologischer, sozialer und kultureller Ebene zu sichern. Diese vier grundlegenden Dimensionen der Nachhaltigkeit verstärken und ergänzen sich gegenseitig zu einer ganzheitlichen Lebensweise und Weltsicht. Wir freuen uns über alle, die diesen Weg gemeinsam mit uns gehen wollen.

Das Projekt »Modelle gelebter Nachhaltigkeit«, gefördert vom Umweltbundesamt und Bundesministerium für Umwelt in Deutschland, vermittelte die in Ökodörfern entwickelten Lösungen für Nachhaltigkeit im urbanen Raum und half mit, ein deutsches Gemeinschaftsnetzwerk aufzubauen. Mehr: www.gelebte-nachhaltigkeit.de
www.gen-deutschland.de, info@gen-deutschland.de

GEN-DACH: Ein loses Netzwerk von GEN-Deutschland und GEN-Suisse (CH)

GEN-DACH hat zum Ziel, die deutschsprachige Region zu verbinden und Themen in diesem Bereich aufzugreifen und weiterzubringen sowie gemeinschaftliche Aspekte zu nähren. GEN-DACH trifft sich einmal im Jahr, jeweils im November für rund 3 ½ Tage. GEN-DACH freut sich über eine Vielzahl von Teilnehmenden aller Generationen und aus allen drei Ländern!

Kontakt:
GEN-DACH, Brigitta Spälti,
Schloss Glarisegg,
CH-8266 Steckborn,
brigitta.7@bluewin.ch

GEN Suisse: www.gensuisse.ch

GEN-Vorstandstreffen 1998

Danksagung

Dieses Buch hat viele Mitwirkende aus vielen Teilen der Erde. Als erstes möchten wir allen Netzwerken von GEN danken, all den vielen Tausend Ökodörfern, Initiativen, Einzelpersonen, die diese Arbeit leisten. Sie sind die neue Geschichte – von der wir hier einen kleinen Teil erzählen durften. Wir danken all unseren Geschichtenerzählern und Sammlern, die so großzügig zu diesem Buch beigetragen haben.

Ganz persönlich möchten wir Ross und Hildur Jackson und dem *Gaia-Trust* danken, die mit ihrer Großzügigkeit und ihrem Weitblick die Existenz und Weiterentwicklung von GEN ermöglicht haben und immer wieder aufs Neue ermöglichen. Ein endloser Dank an alle, die unentgeltlich mitgeholfen haben: durch Übersetzung, durch ihre Fotos, durch Recherchieren von Informationen, durch Gegenlesen und Überarbeiten der Texte. Ganz speziell einen Dank an euch treue Helferinnen: Clio Pauly aus Namibia, Jenefer Marquis aus Australien, Angelika Gander aus Südtirol und Prem Pavitra aus Findhorn. Wir danken auch den beiden Verlagsteams *Triarchy Press* und *Neue Erde* für ihre unkonventionelle und professionelle Flexibilität.

Wir danken unseren Gemeinschaften, Freunden, Familien dafür, wie sie uns in der Zeit der Bucharbeit gehalten und inspiriert haben.

Und am Ende: Von Herzen geht ein großer Dank an Ihr Interesse als Leser und Leserin!

Bildnachweis

Umschlag vorn: o. Archiv Wongsanit-Ashram; Mitte v.l.n.r.: Archiv Kibbuz Lotan, Archiv Konohana Family, Twin Oaks (Aaron Murphy); u. v.l.n.r.: Archiv Findhorn, Tamera (Simon du Vinage); Klappe vorn: GEN-Archiv, Simon du Vinage, Leila Dregger, Leila Dregger; Klappe hinten: Dyssekilde (GEN-Archiv), Simon du Vinage, Simon du Vinage, GEN-Archiv.

Seite 2: Archiv Torri Superiori; 4: Nigel Dickinson; 12 o: Lucky Kekana, u.: Foto: GEN-Archiv; 13 o: Crystal Waters Archiv, u: Kosha Joubert; 14 o: Archiv Gastwerke, u: Leila Dregger; 15 o: Ludwig Schramm, u: Aaron Murphy; 16 o: Simon du Vinage, u: Boniface Subrata; 17 o: Philip Munyasia, u: Konohana Archiv; 18: Kosha Joubert; 21: Leila Dregger; 23: Leila Dregger; 26: Leila Dregger; 29: Simon du Vinage; 31: Leila Dregger; 34-37: Findhorn Archiv; 39: Findhorn Archiv; 40 o: Schweibenalp Archiv, u: Christine Muigg; 42: Clinton Callahan; 46 o: Andrew Aikman, u: Kelda Aikman; 47-50: Andrew Aikman; 52-54: Michael Würfel; 58-62: ZEGG Archiv; 64-67: Archiv Schloss Tempelhof; 70 o: Damanhur Archiv, u: Leila Dregger; 72-73: Damanhur-Archiv; 76-81: Lakabe Archiv; 82-85: Simon du Vinage; 88-90: Leila Dregger; 94 o: Sekem Archiv, u: Leila Dregger; 98-99: Sekem Archiv; 100 o: Hans-Martin Kaup, u: Leila Dregger; 101-105: Hans-Martin Kaup; 106 o: Mugove Walter Nyika, u: Simon du Vinage; 107-109: Mugove Walter Nyika; 112 o: Alberto Ruz, u. Mexxicamelot; 113: Alberto Ruz; 116: Jan Svante Vanbart; 118-123: Ryan Luckey; 124-129: Margarita Zethelius; 130 o: James Bosjolie, u. Jason Katz; 131-134: James Bosjolie; 136-137: The Farm Historical Society; 138: Alberto Ruz; 141: The Farm Archiv; 142 o: Wongsanit Archiv, u: Leila Dregger; 145: Wongsanit Archiv; 148 o: Ladakh Projekt Archiv, u: Claire Leimbach; 151: Ladakh Projekt Archiv; 154-158: Joss Brooks; 159: privat; 160-163: Lotan Archiv; 166 o. Mena Viera, u. Mustafa Shibli; 169-170: Mena Viera; 172 + 181: GEN-Archiv; 184 (Grafik): Ralf Krause, Liesbeth van Deemter; 189: GEN-Archiv; 191 o: privat, u: Simon du Vinage

Über die Autorinnen

Kosha Anja Joubert (MSc Organisational Development) arbeitet international als Trainerin, Moderatorin und Beraterin für partizipative Gestaltungsprozesse, Gemeinschaftsaufbau und nachhaltige Entwicklung. Sie ist in Südafrika aufgewachsen und lebt und forscht seit 25 Jahren in Gemeinschaftsprojekten und Räumen der interkulturellen Kommunikation in der ganzen Welt. Heute lebt sie mit ihrer Familie in Findhorn, Schottland, und ist Vorstandsvorsitzende des Global Ecovillage Network (GEN-International). Sie war eine treibende Kraft hinter der Entstehung von GEN-Afrika als selbständige Region innerhalb der internationalen Netzwerke und ist Mitbegründerin von Gaia Education. Seit Jahren gilt ihr besonderes Interesse der Kollektiven Weisheit: Wie können wir unsere Teams, Organisationen und Gesellschaft hin zu kooperativen und innovativen Systemen transformieren? Ihr Buch *Die Kraft der Kollektiven Weisheit. Wie wir gemeinsam schaffen, was einer alleine nicht kann* erschien 2010 im Verlag Kamphausen.

Leila Dregger ist Diplom-Agraringenieurin und langjährige Journalistin. Sie bereiste viele Jahrzehnte lang Gemeinschafts- und Friedensprojekte in allen Kontinenten, um deren Lebensweise kennenzulernen und über sie zu schreiben. Mit den Schwerpunktthemen Frieden, Ökologie, Gemeinschaft, Frauen arbeitet sie seit 25 Jahren für Presse und Rundfunk sowie als Drehbuchautorin und Regisseurin für Theater und Film. Sie war Herausgeberin der Zeitschrift *Die weibliche Stimme – für eine Politik des Herzens*. Sie war Pressesprecherin des *Hauses der Demokratie* in Berlin, des ZEGG in Belzig und von Tamera in Portugal, wo sie heute überwiegend lebt. Seit 2012 ist sie Redakteurin des *GEN-International Newsletters*. Sie lehrt Konstruktiven Journalismus für Berufsanfänger und Studenten sowie in Krisenregionen. Sie ist Autorin mehrerer Bücher.

Positives ist machbar